Handkommentar

der Berliner Wertzuwachssteuerordnung

nebst

amtlichen Ausführungsbestimmungen und Erläuterungen

Ergänzungsband zu dem Kommentar
„Das geltende Wertzuwachssteuerrecht"

Von

Dr. Adolf Asch und Dr. Hanns Oppenheimer

Rechtsanwalt am KG. und Notar — Obermagistratsrat

Verlag von Georg Stilke / Berlin 1932

Gedruckt bei A. Heine G. m. b. H., Gräfenhainichen.

Vorwort.

Die Berliner Wertzuwachssteuerordnung vom 28. März 1928 ist durch den Nachtrag vom 10. Juni 1931 in wesentlichen Punkten, insbesondere durch die Gleichstellung des Inflationsbesitzes mit dem sonstigen Besitz, geändert worden; auch die inzwischen ergangenen reichsgesetzlichen Vorschriften sind in den Nachtrag eingearbeitet.

Desgleichen ist die Preußische Mustersteuerordnung neu gefaßt worden. (Ministerialblatt für die preußische innere Verwaltung 1932, 297).

Es ist daher anzunehmen, daß auf dem Gebiet des Wertzuwachssteuerrechts ein Ruhestand eingetreten ist und wesentliche Änderungen in der nächsten Zeit nicht zu erwarten sind, zumal die Wünsche der Interessentenkreise auf Ermäßigung der Steuersätze bei der Finanzkalamität der Stadt Berlin wie auch der sonstigen Städte und Landkreise kaum Aussicht auf Erfolg haben werden.

Inzwischen sind auch von dem Herrn Oberbürgermeister der Stadt Berlin am 14. Dezember 1931 umfangreiche amtliche Ausführungsbestimmungen und Erläuterungen zur Berliner Wertzuwachssteuerordnung erlassen worden. Wenngleich diese keine ortsgesetzliche Kraft haben und die Verwaltungsgerichte nicht binden, so sind sie doch für die Auslegung der Steuerordnung von wesentlicher Bedeutung und enthalten auch von den Bezirkssteuerämtern zu beachtende Richtlinien, so insbesondere über die Erteilung verbindlicher Auskünfte über die Höhe der voraussichtlichen Steuer vor Abschluß eines Rechtsgeschäftes.

Während zu der Wertzuwachssteuerordnung in der alten Fassung vom 28. März 1928 eine Reihe größerer Kommentare verfaßt sind, ist nach Erlaß des Nachtrags vom 10. Juni 1931 nur das Buch von Domke „Die Wertzuwachssteuer in der Praxis" erschienen. Er beschränkt sich jedoch nach einem Abdruck des Textes der Steuerordnung darauf, die amtlichen Ausführungsbestimmungen und Erläuterungen wiederzugeben und seinerseits zweifelhafte Stellen derselben zu ergänzen und zu erläutern.

In dem nachstehenden Handkommentar ist die gesamte Steuerordnung paragraphenweise an Hand der Rechtsprechung des OVG. unter besonderer Berücksichtigung der Ausführungsbestimmungen erläutert.

Im Anschluß sind die Ausführungsbestimmungen im Wortlaut wiedergegeben.

Der vorliegende Handkommentar stellt insofern auch einen Nachtrag zu dem „Geltenden Wertzuwachssteuerrecht" der gleichen Verfasser dar, als er für die Berliner Wertzuwachssteuer die gesetzlichen Bestimmungen wie die Rechtsprechung und Literatur in der Fülle des neuen Materials bis zum April 1932 weiterführt.

Die Berliner Steuerordnung dürfte nach ihrer Ausgestaltung durch die Ausführungs- und Erläuterungsbestimmungen aber auch für die Regelung des Steuerrechts in vielen preußischen Gemeinden zur Richtschnur werden.

Durch Knappheit der Form im beschränkten Rahmen eines Handkommentars wurde gesucht, den Inhalt möglichst ausreichend zu gestalten, um einen brauchbaren Führer für die Praxis zu geben.

Berlin, Mai 1932.

Die Verfasser.

Inhaltsverzeichnis.

Wertzuwachssteuerordnung

vom 28. März 1928

in der Fassung des Nachtrages vom 10. Juni 1931.

Auf Grund der §§ 13, 18, 63, 69, 70, 79, 82 und 90 des Kommunalabgabengesetzes vom 14. Juli 1893 und der Novelle vom 26. August 1921 haben die städtischen Körperschaften (Stadtverordnetenversammlung und Magistrat) für die Stadt Berlin folgende Steuerordnung beschlossen:

§ 1.

(1) Bei Rechtsvorgängen, die den Übergang des Eigentums an Grundstücken und Anteilen an Grundstücken in der Stadt Berlin betreffen, wird eine Wertzuwachssteuer erhoben[1] [2].

(2) Den Grundstücken stehen Berechtigungen gleich, auf welche die Vorschriften des bürgerlichen Rechts über Grundstücke Anwendung finden[3].

(3) Dem Übergange des Eigentums an Grundstücken steht gleich der Übergang von Rechten an dem Vermögen von Personenvereinigungen (einer Gesellschaft mit beschränkter Haftung, einer Kommanditgesellschaft, Aktiengesellschaft, Kommanditgesellschaft auf Aktien, Gewerkschaft, eingetragenen Genossenschaft, eines eingetragenen Vereins oder einer offenen Handelsgesellschaft usw.), soweit das Vermögen der Vereinigung aus in Berlin belegenen Grundstücken besteht, wenn entweder zum Gegenstande des Unternehmens die Verwertung von Grundstücken gehört, oder wenn die Vereinigung geschaffen ist, um die Zuwachssteuer zu ersparen[4] [5].

(Ausführungsbestimmungen und Erläuterungen Ziff. 1—3 Seite 61—63.)

1. Wie die Ausführungsbestimmungen zu Ziff. 1, 1 hervorheben, werden durch die geltende StO. nicht nur die Inflationskäufe ergriffen; vielmehr ist die StO. auf **jeden** nach dem 31. März 1929 eingetretenen in Betracht kommenden **Rechtsvorgang** anzuwenden, gleichgültig wenn der Erwerb stattgefunden hat. Bis

zum Oktober 1931 hatte sich der Stichtag vom 31. Dezember 1918 für die der alten Steuerordnung unterliegenden Steuerfälle nach der Rechtsprechung des Bezirksausschusses auch dahin ausgewirkt, daß ein Schwarzkäufer der Inflationszeit, falls eine wirksame Genehmigung nicht erfolgt war, trotz erheblichen tatsächlichen Gewinns bei der Weiterveräußerung keine Wertzuwachssteuer zu zahlen hatte (vgl. Rundschreiben der Hauptsteuerverwaltung vom 3. März 1932 und AusfBest. Ziff. 1, 1). Jedoch werden auch diese Fälle nach der nunmehrigen Rechtsprechung des OVG. vom 9. Oktober 1931 VII C 5/31 RVWBl. 53, 313, VII C 162/30, sofern bei der Weiterveräußerung das schwarzgekaufte Grundstück sich im wirtschaftlichen Eigentum des Schwarzkäufers befand, der Steuer unterworfen.

2. Die Erhebung der Steuer findet durch die Bezirksämter statt, die auch als selbständige Partei im Prozeßverfahren fungieren (OVG. JW. 31, 2330; 2359 sowie I, 1 AllgBest. der AusfBest.).

Dem Interesse gleichmäßiger Durchführung in der Praxis dient der bedarfsweise vom Oberbürgermeister einzuberufende Grundsteuerausschuß.

3. Erbbaurecht, Bahneinheit, Schiffsmühlen-Fähr-Fischereigerechtigkeit (Art. 40 AG. BGB.), Erbpachtrecht (Art. 63 EG. BGB.), Realgewerbeberechtigung, die vor dem Gewerbeedikt vom 2. November 1810 verliehenen Apothekerprivilegien, die Abdeckereigerechtigkeit. Steuerpflichtig ist der Übergang des Rechtes, nicht aber die Begründung, insbesondere eines Erbbaurechts (OVG. 64,136). Wenn aber dem Erbbauberechtigten ein über das Wesen und die Eigenart des Erbbaurechts hinausgehende eigentümerähnliche Machtbefugnis eingeräumt wird, kann auch Bestellung nach §§ 3 bis 5 der StO. steuerpflichtig sein (Sächs. OVG. vom 12. Februar 1931, 118. II. 30 RVWBl. 53. 115).

4. Anders als im Fall des § 3 Grunderwerbsteuergesetz ist auch die **Abtretung einzelner Anteile** steuerpflichtig, allerdings nur unter der Voraussetzung, daß entweder zum Gegenstand des Unternehmens die Verwertung von Grundstücken gehört, oder die Vereinigung geschaffen ist, um die Zuwachssteuer zu ersparen. Maßgebend für die Frage, ob eine Grundstücksgesellschaft vorliegt, ist das tatsächliche Geschäftsgebahren (vgl. Ziff. 3 der AusfBest. insbesondere auch über Dachgesellschaften). Unter den Begriff Verwertung fällt aber nicht nur die Veräußerung des Grundstücks, sondern auch jede Nutzbarmachung seiner Wertsteigerung, insbesondere auch durch Vermietung (OVG. vom 1. Mai 1931. VII C 178, 30. Deutsches Steuerblatt 31, 1085). Für die börsenmäßige Veräuße-

rung von Aktien der Grundstücksgesellschaften gibt Ziff. 3 Abs. 6 der AusfBest. eine der Billigkeit entsprechende Sonderregelung. (Steuerfreiheit des Erwerbs einzelner Aktien und Auskunftseinholung von der Industrie und Handelskammer in allen Zweifelsfragen.)

Andrerseits bestätigt Ziff. 3 Abs. 5 AusfBest. die Zulässigkeit der doppelten Besteuerung im Fall nachträglichen Erwerbs des entsprechenden Grundstücksanteils, wie sie in ständiger Rechtsprechung vom OVG. (OVG. 80, 84; 84, 187; 86, 159) im Gegensatz zu der des RFH. angenommen wird. (Über Auflösung der Gesellschaft s. aber § 7 Ziff. 10 der StO. und AusfBest. Ziff. 12.)

5. An sich ist gem. § 717 BGB. das Mitgliedschaftsrecht an einer Gesellschaft des Bürgerlichen Rechts oder an einer offenen Handelsgesellschaft wie einer Kommanditgesellschaft nicht übertragbar. Hagelberg-Krämer S. 12 dürften aber zu weit gehen, wenn sie die Vorschriften des § 1 Abs. 3 für Gesellschaften ohne Rechtspersönlichkeit für gegenstandslos erklären. Richtig ist zwar, daß bei einem Gesellschafterwechsel keine Rechtsnachfolge eintritt; liegt hier ein Abkommen zugrunde, wonach der ausscheidende Gesellschafter von dem neueintretenden den vereinbarten Wert des Anteils erstattet erhält, andererseits die verbleibenden Gesellschafter sich verpflichten, den neuen Gesellschafter zu gleichen Rechten und Pflichten wie den ausscheidenden aufzunehmen, so dürfte die Steuerpflicht im Sinne von § 1 Ziff. 3, § 2b gegeben sein.

§ 2.

Die Steuerpflicht tritt ein:

a) bei den zur Übertragung des Eigentums verpflichtenden Veräußerungsgeschäften [1] mit dem Abschluß des Geschäfts. Als Veräußerungsgeschäfte sind auch anzusehen [2]:

1. die Übertragung der Rechte der Erwerber aus Veräußerungsgeschäften;

2. Die Übertragung von Rechten aus Anträgen zur Schließung eines Veräußerungsgeschäfts, die den Veräußerer binden [3], sowie aus Verträgen, durch die nur der Veräußerer zur Schließung eines Veräußerungsgeschäftes verpflichtet wird;

3. nachträgliche Erklärungen des aus einem Veräußerungsgeschäft berechtigten Erwerbers, die Rechte für einen Dritten

erworben oder die Pflichten für einen Dritten übernommen zu haben [4];

4. die Abtretung der Rechte aus dem Meistgebot und die Erklärung des Meistbietenden, daß er für einen anderen geboten habe [5];

5. Rechtsgeschäfte, durch die jemand ermächtigt wird, ein Grundstück ganz oder teilweise auf eigene Rechnung zu veräußern [6];

b) in allen übrigen Fällen, in denen es eines Veräußerungsgeschäftes zum Übergang des Eigentums nicht bedarf (z. B. Zwangsversteigerung, Enteignung, Ausschluß), mit Vollendung des Rechtsvorganges, der die Rechtsänderung bewirkt [7].

(Ausführungsbestimmungen und Erläuterungen Ziff. 4 Seite 64).

1. Nicht erst wie laut § 1 der Mustersteuerordnung beim Übergang des Eigentums. Der **Zeitpunkt des Abschlusses ist maßgebend** für Erhebungssatz wie Zeitdauer, im Sinn von § 13 Abs. 1 Ziff. 3 (AusfBest. Ziff. 4). Voraussetzung ist Abschluß eines rechtswirksamen Vertrages. Nichtige Verträge, insbesondere formungültige, wie schwebend wirksame lösen die Steuer nicht aus (siehe aber auch § 3 und 5 der StO.). Die nachträgliche Genehmigung hat jedoch rückwirkende Kraft (OVG. VIII C 56/29, Jahrb. StR. X 603; VII D 1; 28 AusfBest. Ziff. 4 Abs. 1 letzter Satz; vgl. auch Anm. 1 zu § 12).

Auch die Vereinbarung zur Eigentumsübertragung an einen Treuhänder ist ein steuerpflichtiger Rechtsvorgang, ebenso wie die Übertragung des Treuhänders an den Treugeber (OVG. 80, S. 80; 66, 22; § 2 b); ferner die Einbringung eines Grundstücks in eine Gesellschaft (OVG. Amtliche Mitteilungen 1913, S. 143.) Bezüglich Übertragung von Gesamteigentum an einen Gesamthänder und die Umwandlung der Anteile am Gesamthandeigentum in Bruchteilseigentum, siehe § 21 und AusfBest. Ziff. 44. Über Steuerpflicht bei Grundstücksveräußerung einer Organgesellschaft OVG. vom 15. Mai 1931. VII C 133, 30; Deutsches Steuerblatt 1931, 1085).

2. Die unter Ziff. 1—5 als steuerpflichtig bezeichneten Rechtsgeschäfte entsprechen den Fällen des § 5 Abs. 4 Grunderwerbsteuergeſ.

3. Die Offerte als solche ist zwar nicht steuerpflichtig, sie kann aber infolge besonderer Abrede (längere Bindung, Auflassungsvormerkung, unwiderrufliche Vollmacht, Nießbrauch oder Nutzungsüberlassung) steuerrechtlich ein Veräußerungsgeschäft darstellen

(§ 3 oder § 5 StO.; AusfBest. Ziff. 4 Abs. 3 und Ziff. 24 Abs. 4 zu § 2 Ziff. 2).

Das Recht auf Annahme einer bindenden Offerte ist ein selbständiges abtretungsfähiges Recht (RG. 111, 46).

4. Danach bringt die Erklärung, nur als Treuhänder ein Grundstück erworben zu haben, gerade die doppelte Steuerpflicht zur Auslösung (AusfBest. Ziff. 24 Abs. 4 zu § 2 Ziff. 3).

5. Hat aber jemand als Vertreter eines anderen in der Zwangsversteigerung das Meistgebot abgegeben, ohne genügende Vollmacht zu besitzen, und wird dann dem Vertretenen, nachdem ausreichende Vollmacht nachgebracht, der Zuschlag erteilt, so kann der Vertreter nicht zur Steuer herangezogen werden, selbst wenn er im Zuschlagsbeschluß für mithaftend erklärt ist (RFH. II A 704/30, D. NotV. 1932, 12; AusfBest. Ziff. 24 Abs. 5 zu § 2 Z. 4).

6. Die Ermächtigung verlangt nicht das Vorliegen einer nach außen wirksamen Vollmacht. Entscheidend ist vielmehr das innere Verhältnis zwischen Eigentümer und Ermächtigtem, auf Grund dessen dieser zur Veräußerung „berechtigt" ist (s. auch AusfBest. Ziff. 24 Abs. 6 zu § 2 Z. 5). Regelmäßig setzt die Ermächtigung voraus, daß der Eigentümer zur rechtlichen Verwirklichung des Geschäftes für den Fall seines wirtschaftlichen Abschlusses verpflichtet ist, sei es durch notariellen Vertrag oder Auflassung, sei es durch Erteilung der Zustimmung gem. § 185 BGB. Es muß daher die Form des § 313 BGB. gewahrt sein (RFH. StW. 1928, Nr. 277 und 278; RFH. Bd. 12, 258). Es genügt aber auch, wenn der Eigentümer sich zwar nicht zum Verkauf selbst, wohl aber verpflichtet hat, den über einen angegebenen Mindesterlös hinausgehenden Überpreis dem Ermächtigten im Fall der Ablehnung der Veräußerung zu zahlen (JW. 1931, 3481).

Zu scheiden ist die Ermächtigung einerseits von dem Maklervertrag, bei dem die Bindung des Veräußerers fehlt, andrerseits von dem Kaufvertrag, der einen direkten Anspruch auf Zahlung des Kaufpreises gegen den Eigentümer auslöst (JW. 1931, 3481).

Eine Veräußerung auf eigene Rechnung liegt insbesondere vor, wenn der Ermächtigte für die Zahlungsfähigkeit des Käufers einzustehen hat und den Überpreis erhalten soll (JW. 31, 3481), oder am Gewinn und Verlust beteiligt ist (Mrozek, RSpr. 10 zu § 5 Abs. 4 Nr. 5). Vgl. auch OVG. VII C 85/30.

7. Gemeint sind die Fälle von Eigentumsübergang ohne Auflassung, die sonst regelmäßig das Erfüllungsgeschäft eines obligatorischen Veräußerungsvertrages darstellt.

§ 3.

Steuerpflichtig ist auch ein Rechtsvorgang, der nicht unmittelbar den Übergang des Eigentums betrifft, aber ein Rechtsgeschäft zum Gegenstand hat, durch welches es einem anderen ermöglicht werden soll, über das Grundstück wie ein Eigentümer zu verfügen [1, 2, 3, 4].

(Ausführungsbestimmungen und Erläuterungen Ziff. 5 Seite 64).

1. § 3 betrifft die Übertragung des **wirtschaftlichen Eigentums** (s. AusfBest. Ziff. 5 Abs. 1; OVG. 83, 119).

2. In Betracht kommt insbesondere die Kaufofferte mit Bindung auf längere Zeit und Vereinbarung einer hohen Anzahlung als evtl. Reugeld; die Übernahme der Nutzungen und Lasten unter Abgabe einer Offerte oder gleichzeitigen Auszahlung des Kaufpreises, wie auch eine Auflassungsvormerkung in Verbindung mit einem der angegebenen Tatbestände (AusfBest. Ziff. 5 Abs. 2).

3. Gem. AusfBest. Ziff. 5 Abs. 3 kommt die Rechtsprechung des RFH. zu § 6 Grunderwerbsteuerges. zur entsprechenden Anwendung. Danach liegt ferner wirtschaftlicher Eigentumserwerb vor, wenn der Besitz übertragen, der Nießbrauch eingeräumt und Auflassungsvollmacht bei Eintragung einer Vormerkung erteilt wird (RFH. Mrozek, RSpr. 4 zu § 6). Bei einer Mehrheit von Rechtsgeschäften, die zusammen die Steuerpflicht auslösen, tritt diese erst mit dem letzten Rechtsgeschäft ein (RFH. StuW. V 234). Ebenso die unwiderrufliche Vollmacht, wenn sie die gesamte Verwaltung und Verwertung des Grundstücks umfaßt und im wesentlichen die Nutzungen dem Bevollmächtigten zuweist; nicht aber die bloße Besitzübertragung an den Käufer oder die bloße Einräumung des Nießbrauchs (RFH. JW. 1927, 1446).

4. Liegt infolge Annahme eines Ersatztatbestandes steuerlich ein Kettengeschäft vor, wird der Zwischenerwerber auch als Veräußerer für die Weiterübertragung behandelt (OVG. VII C 57/30, JW. 32, 290 und VII C 85/30; s. auch AusfBest. Ziff. 24).

§ 4.

Die Besteuerung wird nicht dadurch ausgeschlossen, daß ein nach der Steuerordnung steuerpflichtiger Rechtsvorgang durch einen anderen verdeckt wird.

§ 4 unterwirft bei **Scheingeschäften** das in Wirklichkeit gewollte (dissimuliertes Geschäft) der Steuer, z. B. die in notarieller Form erteilte unwiderrufliche Vollmacht zur Verschleierung eines Kaufvertrages (RG. 108, 125; JW. 25, 1710); gleichgelagert sind die Fälle des § 7 Ziff. 1 Nr. 1 und Ziff. 1 Nr. 4), wie auch eine Verständigung der Beteiligten, durch die bei einem Schwarzkauf die geschaffene Rechts- und Sachlage trotz formeller Rückübertragung aufrechterhalten wird und die Weiterveräußerung für Rechnung des Schwarzkäufers erfolgt (OVG. VII C 209/30 Deutsches Steuerblatt 1932, 152).

Liegt nicht ein Deckgeschäft, sondern ein Ersatzgeschäft vor, so kommt § 5 zur Anwendung (RFH. 12, 100).

§ 5.

(1) Durch Mißbrauch von Formen und Gestaltungsmöglichkeiten des bürgerlichen Rechts kann die Steuerpflicht nicht umgangen oder gemindert werden [1].

(2) Ein Mißbrauch im Sinne des Absatzes 1 liegt vor, wenn

1. in Fällen, wo die Steuerordnung wirtschaftliche Vorgänge, Tatsachen und Verhältnisse in der ihnen entsprechenden rechtlichen Gestaltung einer Steuer unterwirft, zur Umgehung der Steuer ihnen nicht entsprechende, ungewöhnliche Rechtsformen gewählt oder Rechtsgeschäfte vorgenommen werden, und

2. nach Lage der Verhältnisse und nach der Art, wie verfahren wird oder verfahren werden soll, wirtschaftlich für die Beteiligten im wesentlichen derselbe Erfolg erzielt wird, der erzielt wäre, wenn eine den wirtschaftlichen Vorgängen, Tatsachen und Verhältnissen entsprechende rechtliche Gestaltung gewählt wäre, und ferner

3. etwaige Rechtsnachteile, die der gewählte Weg mit sich bringt, tatsächlich keine oder nur geringe Bedeutung haben.

(3) Liegt ein Mißbrauch vor, so sind die getroffenen Maßnahmen für die Besteuerung ohne Bedeutung. Die Steuer ist so zu erheben, wie sie bei einer den wirtschaftlichen Vorgängen, Tatsachen und Verhältnissen [2] angemessenen rechtlichen Gestaltung zu erheben wäre.

(Ausführungsbestimmungen und Erläuterungen Ziff. 6 Seite 65).

1. § 5 trifft die Fälle der **Steuerumgehung**, z. B. Aufhebung eines abgeschlossenen Vertrages oder einer befristeten Offerte und anschließender unmittelbarer Abschluß mit einem Dritten auf Anweisung des ursprünglich Berechtigten (RFH., SonderStH. d. D. NotV. 1931, 16; s. auch OVG. 67, 37, allerdings bedenklich, D. NotV. 30, 462). Besonders häufig kann die Vorschrift bei

Zwangsversteigerungen durch zweite Hypothekare zur Vermeidung der Haftung des Käufers (§ 24 Ziff. 2 S. 2 StO.) in Frage kommen (OVG. vom 19. Dezember 1930 VII C 225, 29. Deutsches Steuerblatt 1931, 569 — OVG. 87, 174). Für Fälle dieser Art verweist Ziff. 6 Abs. 2, Satz 1 der AusfBest. auf das etwaige Ermittlungsergebnis eines dann meist vorliegenden Antrages gem. § 14 Grunderwerbsteuerges.

2. Die Feststellung der in Abs. 2 an sich streng umrissenen Voraussetzungen wird für die Behörde dadurch erleichtert, daß, entsprechend der Rechtsprechung des RFH. im Einkommensteuerrecht, durch Ziff. 6 Abs. 2 der AusfBest. dem Steuerpflichtigen die Aufklärung und Glaubhaftmachung seiner wirklichen Absichten zur Pflicht gemacht wird.

Über Kettengeschäfte vgl. § 3 Anm. 4.

§ 6.

(1) Von der Steuerpflicht sind das Deutsche Reich, der Preußische Staat und die Stadtgemeinde Berlin befreit [1], [2].

(2) Die Befreiung tritt nicht ein, wenn diese Körperschaften als Erwerber nach § 24 Abs. 2 haften [3], [4].

(Ausführungsbestimmungen und Erläuterungen Ziff. 7 u. 8 Seite 65).

1. **Persönliche Steuerbefreiung** für die genannten **öffentlich-rechtlichen Körperschaften** und zwar stets, wenn sie als primär Steuerpflichtige zu veranlagen sind, also als Veräußerer, auch bei Veräußerung von Anteilen einer Grundstücksgesellschaft (§ 1 Ziff. 3), sowie bei vertraglicher Übernahme der Steuer (§ 24 Ziff. 3).

2. **Keine Steuerfreiheit** für **sonstige öffentlich-rechtliche Korporationen** oder zivilrechtliche Gesellschaften, die den öffentlich-rechtlichen Körperschaften gehören (PrVBl. 48, 577; u. AusfBest. Ziff. 8, 1).

3. Auch **keine Steuerfreiheit** im Falle der Heranziehung **als Erwerber** bei Zahlungsunfähigkeit des Veräußerers (AusfBest. Ziff. 8 Abs. 2, auch über den Fall der vertraglichen Übernahme durch die Körperschaft).

4. Im Falle der Weiterveräußerung durch den Erwerber ist im Gegensatz zu den Fällen des § 7, nicht auf den letzten steuerpflichtigen Rechtsvorgang im Sinne von § 14 zurückzugehen. Der Veräußerer braucht daher auch nicht den von den öffentlichen Körperschaften erzielten Wertzuwachs mit zu versteuern (AusfBest. 7 u. 38).

§ 7.

(1) Die Zuwachssteuer wird nicht erhoben [1]:

1. Beim Erwerbe von Todes wegen [2] sowie bei Erwerb auf Grund einer Schenkung unter Lebenden im Sinne des Erbschaftssteuergesetzes, sofern nicht die Form der Schenkung lediglich gewählt ist, um die Zuwachssteuer zu ersparen [3].
2. Bei der Begründung, Änderung, Fortsetzung und Aufhebung der ehelichen Gütergemeinschaft [4].
3. Beim Erwerb auf Grund von Verträgen, die zwischen Miterben oder Teilnehmern an einer ehelichen oder fortgesetzten Gütergemeinschaft zum Zwecke der Teilung der zum Nachlaß oder zum Gesamtgut gehörenden Gegenstände abgeschlossen werden sowie beim Erwerb auf Grund eines Zuschlages, der in den vorgenannten Fällen bei Teilung im Wege der Versteigerung einem Miterben oder Teilnehmer erteilt wird [5].
4. Beim Erwerbe der Abkömmlinge von den Eltern, Großeltern und entfernteren Voreltern sowie beim Erwerb der Eltern von den Kindern; den Eltern stehen gleich die Stief-, ebenso die Adoptiveltern, wenn kein Verdacht besteht, daß die Annahme an Kindes Statt zum Zwecke der Steuerhinterziehung vorgenommen ist [6].
5. Beim Einbringen in eine ausschließlich aus dem Veräußerer und dessen Abkömmlingen oder aus diesen allein bestehende Vereinigung. Die Steuerpflicht tritt ein, wenn nachträglich ein Gesellschafter aufgenommen wird, der nicht zu den Abkömmlingen des Veräußerers gehört [7].
6. Beim Einbringen von Nachlaßgegenständen in eine ausschließlich von Miterben gebildete Vereinigung. Die Vorschrift von Ziffer 5 Satz 2 findet entsprechende Anwendung [8].
7. Beim Austausch im Inland belegener Grundstücke zum Zwecke der Zusammenlegung (Flurbereinigung), der Grenzregelung oder der besseren Gestaltung von Bauflächen (Umlegung) sowie bei Ablösung von Rechten an Forsten, wenn diese Maßnahmen auf der Anordnung einer Behörde beruhen oder von einer gesetzlich hierfür zuständigen Behörde als zweckdienlich anerkannt werden [9].
8. Beim Übergang des Vermögens einer öffentlichen Körperschaft als Ganzes auf eine andere öffentliche Körperschaft [10].

9. Bei Verschmelzungen von Kapitalgesellschaften usw. gemäß §§ 8 bis 10 des Steuermilderungsgesetzes vom 31. März 1926 (RGBl. S. 185), soweit und solange sie nach diesem Gesetz von der Zuwachssteuer befreit sind. Die auf Grund dieses Gesetzes von der Zuwachssteuer befreiten Rechtsvorgänge gelten auch nach Außerkrafttretung des Steuermilderungsgesetzes als steuerfreie Erwerbsvorgänge im Sinne dieser Ordnung[11]$_1$.

9a. *(1) Bei Einbringung von Grundstücken in eine Kapitalgesellschaft (§ 3 des KapVerkStG.) gegen Gewährung von Gesellschaftsrechten. Diese gilt nicht für Gesellschaften, die den Erwerb, die Verwertung oder die Verwaltung von Grundstücken betreiben (Grundstücksgesellschaften);*

(2) beim Übergang von Grundstücken anläßlich der Verschmelzung von Genossenschaften, sofern Grundstücke einer bei der Verschmelzung beteiligten Genossenschaft auf die aufnehmende Gesellschaft übergehen;

(3) bei Übertragung von Grundstücken anläßlich der Umwandlung einer Kapitalgesellschaft in eine Genossenschaft, sofern Grundstücke der umzuwandelnden Gesellschaft auf die Genossenschaft übertragen werden[12].

10. Beim Eigentumsübergang eines auf den Namen einer der nachstehend genannten Personenvereinigungen (Aktiengesellschaft, Kommanditgesellschaft auf Aktien, Gesellschaft mit beschränkter Haftung, Gewerkschaft, Offene Handelsgesellschaft, Kommanditgesellschaft) eingetragenen Grundstücks auf *die Person oder Personen,* in deren Hand sich zuvor alle Gesellschaftsrechte (Aktien, Anteile, Kuxe, Beteiligungen) vereinigt hatten, soweit das Vermögen der Vereinigung aus in Berlin belegenen Grundstücken besteht, wenn entweder zum Gegenstande des Unternehmens die Verwertung von Grundstücken gehört, oder wenn die Vereinigung geschaffen ist, um die Zuwachssteuer zu ersparen. *Die Befreiung wird nur gewährt, sofern nach Eintragung des Gesellschafters oder der Gesellschafter als Eigentümer im Grundbuch die Gesellschaft aufgelöst wird. Bei mehreren Personen tritt die Befreiung nur insoweit ein, als die zur Eintragung gelangten Grundstücks-Bruchteile der Gesellschafter ihrem früheren Beteiligungsverhältnis am Gesellschaftsvermögen entsprechen*[13].

11. Beim Erwerbe durch verdrängte Grenzlands-, Auslands- und Kolonial-Deutsche, die durch ihre Verdrängung ihre wirtschaftliche Lebensgrundlage ganz oder zum überwiegenden Teil verloren haben, sofern der Erwerb zum Zwecke der erstmaligen Wiederansetzung erfolgt und der Veräußerer nachweist, daß er den Veräußerungspreis im Hinblick auf die Nichterhebung der Wertzuwachssteuer entsprechend gesenkt hat [14].

12. Bei Grundstücksübertragungen, welche der Schaffung gesunder Kleinwohnungen für Minderbemittelte zu dienen bestimmt sind, wenn als Veräußerer Körperschaften des öffentlichen Rechts oder solche Personenvereinigungen, die sich mit den genannten Zwecken befassen, beteiligt sind. Die Befreiung der Personenvereinigungen tritt nur für den erstmaligen Verkauf ein, wenn der Reingewinn satzungsgemäß auf eine Verzinsung von höchstens 5 v. H. der Kapitalseinlagen beschränkt, bei Auslosungen, Ausscheiden eines Mitglieds und für den Fall der Auflösung der Vereinigung den Mitgliedern nicht mehr als der Nennwert ihrer Anteile zugesichert und bei der Auflösung der etwaige Rest des Vermögens für gemeinnützige Zwecke bestimmt ist [15], [16].

(2) Zu den Miterben im Sinne der Ziffer 3 und 6 wird der überlebende Ehegatte gerechnet, der mit den Erben des verstorbenen Gatten gütergemeinschaftliches Vermögen zu teilen hat. Die Steuerbefreiungen nach Ziffer 3 und 4 kommen auch Ehegatten von Miterben oder Teilnehmern an einer fortgesetzten Gütergemeinschaft sowie Ehegatten von Abkömmlingen zu, wenn sie auf Grund des bestehenden Güterstandes ohne rechtsgeschäftliche Übertragung Eigentümer werden [17].

(Ausführungsbestimmungen und Erläuterungen Ziff. 9—15 Seite 65—73).

1. § 7 enthält eine Reihe von Fällen objektiver Steuerbefreiung im Gegensatz zu den Fällen persönlicher Steuerfreiheit des § 6. Nur auf die Fälle des § 7 bringt § 14 folgerichtig die Bestimmung zur Anwendung, daß bei einer Weiterveräußerung auf den letzten steuerpflichtigen Rechtsvorgang zurückzugehen ist. Voraussetzung ist, daß aus einem der Gründe des § 7 die Steuer nicht erhoben worden ist und nicht erhoben worden wäre, wenn zur Zeit des Erwerbes die jetzige Ordnung gegolten hätte. In Fällen des § 7 wird daher auch der von dem Rechtsvorgänger erzielte Wertzuwachs bei der Weiterveräußerung mitversteuert (AusfBest. Ziff. 7, 15 u. 38).

2. **Steuerfreiheit** jedes **Erwerbs von Todes wegen** im Sinne der §§ 1 und 2 ErbschStGes. vom 10./22. August 1925 (gesetzliche oder testamentarische Erbfolge, Erbvertrag, Vermächtnis, Nacherbfolge). Nicht steuerfreie Abfindung eines Pflichtteilberechtigten durch Übertragung des Grundstücks (OVG. 71, 10).

3. **Steuerfrei Schenkungen** gemäß § 3 ErbschStGes. Bei **gemischten Schenkungen** oder **Schenkungen unter Auflage** nur insoweit, als Schenkungswille vorhanden ist und der Wert des Grundstücks das Entgelt übersteigt, im übrigen steuerpflichtig (OVG. 75, 1 sowie OVG. vom 6. Februar 1931 VII C 163, 30, Deutsches Steuerblatt 1931, 987).

Wegen **Umgehungsabsicht** s. § 5.

4. **Eheliche Gütergemeinschaft** §§ 1437 ff. BGB.; fortgesetzte Gütergemeinschaft §§ 1483 ff. BGB., Errungenschaftsgemeinschaft §§ 1519 ff. BGB., Fahrnisgemeinschaft §§ 1549 ff.

Sonstige Grundstücksgeschäfte zwischen Ehegatten steuerpflichtig.

5. **Teilungsverträge** zwischen Miterben und Teilnehmern an ehelicher oder fortgesetzter Gütergemeinschaft, auch bei Teilungsversteigerung (§ 180 ZwVerstGes.).

Keine Steuerfreiheit bei Verkauf des Erbschaftsanteils § 2033 BGB.

Keine Steuerfreiheit für Grundstücksgeschäfte der Erben nach erfolgter Teilung (OVG. 72, 24).

6. Steuerfrei jeder **entgeltliche oder unentgeltliche** Erwerb der Deszendenten sowie der Eltern von den Kindern; Rechtsgrund gleichgültig. Dagegen nicht der Erwerb der Großeltern von den Enkeln (AusfBest. Ziff. 9 Abs. 2; ebenso Grunderwerbsteuerges. § 8 Ziff. 4).

Uneheliche Kinder nur mit Mutter und deren Vorfahren verwandt (§ 1705 BGB.), legitimierte stehen den ehelichen Kindern gleich (§ 1719 BGB.). **Stief- und Adoptiveltern** stehen sonstigen Eltern gleich, letztere nur, wenn keine Steuerumgehung (§ 5 der StO.); dagegen nicht Schwiegereltern (AusfBest. Ziff. 9 Abs. 3 A. M. Hagelberg-Krämer § 5 Anm. 7).

Keine Steuerfreiheit bei Zwischenschiebung eines Dritten zwischen Verwandtengeschäfte (OVG. 72, 33).

Der Erwerb in der **Zwangsversteigerung** durch Eltern von den Kindern oder durch die Kinder von den Eltern ist aber durch die Rechtsprechung des OVG. Bd. 87, S. 157 im Gegensatz zu der **des** RFH. für steuerpflichtig erklärt (AusfBest. Ziff. 9, 1).

7. Einbringung in reine **Familiengesellschaft**, auch juristische Person. Stief-, Schwieger-, Adoptivverhältnisse steuerlich hier nicht bevorzugt.

Wenn später **Fremder** in Gesellschaft aufgenommen wird, tritt nachträglich Steuerpflicht für ursprünglich steuerfreies Geschäft ein.

8. Entsprechendes gilt bei **Einbringung eines Nachlaß-Grundstücks in Erbenvereinigung**; nicht erforderlich Beteiligung sämtlicher Erben.

9. Erforderlich ist Anwendung oder Anerkennung einer Behörde. Regelung auf Grund besonderer Gesetze (so Umlegungsverordnung vom 21. September 1920 — PrGesS. S. 453).

10. **Universalsezession** bei öffentlichen **Körperschaften**, so insbesondere bei Eingemeindung oder Verschmelzung.

11. Ausführliche Regelung in AusfBest. Ziff. 10.

12. Der als Ziff. 9a durch die Novelle vom 10. Juni 1931 neueingeführte Absatz übernimmt den mit Wirkung vom 1. November 1930 an die Stelle des Steuermilderungsgesetzes getretenen § 18a des Finanzausgleichsgesetzes in der Fassung der NotVO. vom 1. Dezember 1930. Ausgenommen von der Befreiung sind nunmehr allein die Grundstücksgesellschaften im Sinne des § 1 Abs. 3 (AusfBest. Ziff. 11).

13. Diese Bestimmung ist teilweise überholt durch die **reichsgesetzliche Regelung** in der 4. NotVO. Teil 4 Kap. I Art. 2 §§ 7 ff.

Reichsgesetzliche Regelung geht in folgenden Punkten weiter:

a) Gesellschaft braucht keine Grundstücksgesellschaft zu sein,
b) jede Kapitalgesellschaft begünstigt; Gesellschafter brauchen nicht natürliche Personen zu sein.

Reichsgesetzliche Regelung aber insoweit enger als Steuerordnung:

a) Nur inländische Kapitalgesellschaften im Sinne des § 3 KapVerkStGes. bevorzugt (nach Steuerordnung auch ausländische Gesellschaften, sowie Gewerkschaften, offene Handelsgesellschaften und Kommanditgesellschaften);
b) beschränkt auf Auflösungen bis 31. Dezember 1934; Vergünstigungsvorschrift der StO. bagegen zeitlich nicht befristet.

S. hierzu auch AusfBest. des RMdF. vom 2. Januar 1932 — S. 5002 — 4, III u. AusfBest. Ziff. 12.

14. Über Zweck der Bestimmung **„Begriff des Verdrängten"** und erstmalige **„Wiederansetzung"** und Senkung des Erwerbspreises s. AusfBest. Ziff. 13. Wenn aber daselbst zu c Abs. 2 grundsätzlich

auch jetzt noch eine Wiederansetzung für zulässig erklärt wird, so dürfte dies zu weit gehen. Hierfür dürfte der besondere Nachweis gehören, daß inzwischen eine Existenzbegründung nicht erfolgt ist. Es darf schließlich nicht übersehen werden, daß während der letzten 12 Jahre fast jeder deutsche Staatsbürger durch Inflation und Wirtschaftskrise schwerste Verluste erlitten hat.

15. AusfBest. 14 zieht für die Tatbestandsvoraussetzung der **„Schaffung gesunder Kleinwohnungen für Minderbemittelte"** und für den Begriff der gemeinnützigen Personenvereinigung die zu § 8 Abs. 1 Ziff. 9 Grunderwerbsteuergeſ. ergangenen Bestimmungen und höchstrichterlichen Entscheidungen heran (vgl. insbes. RFH. Bd. 19, S. 72).

Der Begriff der Gemeinnützigkeit ist in der ersten NotVO. Teil 7 Kap. 3 näher umschrieben.

16. Dem Umstand, daß besonders gerade in den Fällen des § 7 Ziff. 9—12 sich bei einer Weiterveräußerung aus dem gesetzlich vorgeschriebenen Zurückgehen auf den letzten steuerpflichtigen Erwerbsvorgang Härten ergeben, ist in den AusfBest. Ziff. 78 zu § 33 Rechnung getragen.

17. Auch in Gütergemeinschaft lebende Ehegatten und Erben nehmen an Steuerbefreiung teil, weil sie durch Gütergemeinschaft ohne besondere Rechtsakte Mitbeteiligte werden (vgl. oben Bem. 4).

§ 8.

(1) Als steuerpflichtiger Wertzuwachs [1] gilt der Unterschied zwischen dem Erwerbspreise und dem Veräußerungspreise.

(2) Der Preis bestimmt sich nach dem Gesamtbetrage der Gegenleistungen einschließlich der vom Erwerber übernommenen oder ihm sonst infolge der Veräußerung obliegenden Leistungen und der vorbehaltenen oder auf dem Grundstück lastenden Nutzungen, bei Verträgen über Leistungen an Erfüllungsstatt nach dem Werte, zu dem die Gegenstände an Erfüllungsstatt angenommen werden [2, 3, 4, 5, 6].

(3) Die auf einem nicht privatrechtlichen Titel beruhenden Abgaben und Leistungen, die auf dem Grundstück kraft Gesetzes lasten (gemeine Lasten) [7] werden nicht mitgerechnet [8]. Der Wert wiederkehrender Leistungen und Nutzungen bestimmt sich nach den Vorschriften der Reichsabgabenordnung [9, 10, 11].

(4) Ist einem der Vertragschließenden ein Wahlrecht oder die Befugnis eingeräumt, innerhalb gewisser Grenzen den Umfang

der Gegenleistung zu bestimmen, so ist der höchstmögliche Betrag der Gegenleistung maßgebend, soweit die Wahl oder die Bestimmung noch nicht stattgefunden haben.

(Ausführungsbestimmungen und Erläuterungen Ziff. 11—24 S. 73—82.)

1. Besteuert wird der **objektive Wertzuwachs** des Grundstücks in der Zeit zwischen Erwerb und Veräußerung des Grundstücks, nicht der Gewinn des Veräußerers (s. Ziff. 16 Abs. AusfBest.); daher Steuer zuweilen wirtschaftlich untragbar; Ausgleich nur durch Härteparagraph 33.

2. Preis braucht nicht nur in Geld zu bestehen; auch sonstige Leistungen, sogar an einen Dritten für Rechnung des Verkäufers (s. Ziff. 16 Abs. 2 AusfBest.); auch Rückkaufsrecht kann Teil des Kaufpreises sein (OVG. 71, 19).

Bei Hingabe von Wertpapieren ist deren Wert zu ermitteln, § 10 Ziff. 1 (RVWBl. 51, 631).

Entscheidend der zwischen den Parteien vereinbarte Preis. Zahlungsmodalitäten bedeutungslos (gering verzinsliches Restkaufgeld (Amtl. Mitteilungen 1913, 41) — zinslose Stundung (RVWBl. 49, 445) — Kursverlust und Damnum bei aufgenommenen Hypotheken (OVG. 71, 16).

3. **Sondervergütung** Teil des Kaufpreises, wenn sie wirtschaftlich mit Kaufvertrag zusammenhängt, so Abfindung für Verzicht auf Schankkonzession (RVWBl. 49, 449; OVG. 74, 16; Ziff. 19 Abs. 1 AusfBest.); über Hinzurechnung von Sonderleistungen bei Verschleierung der wirklichen Kaufpreise Ziff. 19 Abs. 2 AusfBest.

Vergütung für Räumung des Grundstücks, wenn Verkäufer selbst benutzt hat, in der Regel nicht abzugsfähig, wohl aber Zahlung an dritte Mieter zwecks Freimachung der Räume (OVG. 80, 92). Bei Verkauf eines Grundstücks zu niedrigem Barpreis in Verbindung mit außergewöhnlich günstigem Mietsvertrag für Veräußerer liegt hierin weiteres Entgelt für Grundstücksübereignung (OVG. vom 10. Juli 1931 VII C 71, 31, Deutsches Steuerblatt 1932, 223). Im Fall der Fortführung eines Gewerbebetriebes ist bei einer darauf zurückzuführenden Werterhöhung des Grundstücks ein dieser entsprechender Betrag der Sondervergütung dem Kaufpreis hinzuzurechnen (Ziff. 19 Abs. 1 AusfBest.).

4. Bei **Übertragung von Anteilen** an Personenvereinigungen (§ 1 Abs. 3) stets nur Erwerbs- und Veräußerungspreis der Anteile gegenüberstellbar, nicht des Grundstücks (OVG. 64, 57; 68, 1; OVG. vom 25. September 1931 VII C 31, 30, Deutsches Steuerblatt 1932, 224). Wenn aber durch besondere Nebenabreden neben

Entgelt für Anteil auch noch Hypotheken übernommen sind, ist dieses gegebenenfalls bei Feststellung des Preises zu berücksichtigen (OVG. vom 3. Juli 1931 VII C 222. 30). Anrechenbar sind nicht Verwendungen für Grundstück, sondern nur für den Anteil selbst PrVWBl. 49, 895). Bei Einbringung vom Grundstück in Gesellschaft ist Preis Wert der gewährten Gesellschaftsrechte (Amtliche Mitteilungen 1913, 289). Hat Gesellschaft erst nach Erwerb der Anteile durch jetzigen Veräußerer selbst Grundstück erworben, Veräußerungspreis nach Einheitswert des Anteils unter Berücksichtigung des Wertes des Grundstücks in diesem Zeitpunkt zu berechnen (OVG. 68, 3, sowie OVG. vom 14. März 1931 II Z 170. 28).

5. **Nachträgliche Preisveränderungen** bleiben grundsätzlich außer Betracht (OVG. 87, 148), sofern der ursprüngliche Vertrag wirksam abgeschlossen war. (Steuerermäßigung sieht aber bei Preisminderung § 26 Ziff. 4 ausdrücklich vor.) „Preiserhöhungen" bei rechtlich unwirksamen Verträgen sind an sich nur beachtlich, wenn mit ihnen der Vertrag wirksam zustande kommt, oder wenigstens ein Ersatztatbestand die Steuerpflicht auslöst. Dementsprechend erklären AusfBest. Ziff. 17 Abs. 2 eine anderweite Steuerfestsetzung bei ursprünglich rechtlich unwirksamen Verträgen, insbesondere Schwarzverträgen für zulässig.

6. **Maschinen sind,** auch soweit sie zu den wesentlichen Bestandteilen gehören, wie das bewegliche Inventar und Zubehör vom Preise abzusetzen (§ 13 Abs. 2 ReichsbewGes. vom 22. Mai 1931; AusfBest. Ziff. 21).

7. Begriff der gemeinen Lasten vgl. Art. 2 PrAG. ZVG., Ziff. 22 AusfBest.

8. Bei Veräußerung wie bei Weiterveräußerung wird die vertraglich übernommene und gezahlte Wertzuwachssteuer dem Preise zugerechnet (OVG. 85, 209). Die Grunderwerbsteuer aber kann lediglich bei den Erwerbs- bzw. Veräußerungskosten Berücksichtigung finden (OVG. 78, S. 13; AusfBest. Ziff. 18).

9. Maßgebend sind nunmehr § 17—19 ReichsbewGes.; im Wortlaut angeführt AusfBest. Ziff. 23.

10. Über den Preis bei **Kettengeschäften** verhält sich Ziff. 24 AusfBest.

11. Die AusfBest. Ziff. 20 zu § 8 bringen **Grundsätze,** nach denen im **Billigkeitswege** gewisse Härten ausgeglichen werden sollen, die sich aus der **Aufwertungsgesetzgebung** nach dem Wortlaut der StO. ergeben; die an sich hier einschlägigen Vorschriften des § 12 Ziff. 2 StO. regeln nur Fälle, in denen der Veräußerer Hypotheken oder sonstige Schuldverpflichtungen beim Erwerb des

Grundstücks in Anrechnung auf den Kaufpreis übernommen hat. Nicht berücksichtigt von ihnen aber werden die an sich gleichartigen oder ähnlich liegenden Fälle, in denen Hypotheken gelöscht und wiederaufgelebt oder im Grundbuch stehen geblieben sind, ohne daß der Erwerber die Hypothek übernommen hat, die unerwartete Aufwertung aber zu einer tatsächlichen Mehrbelastung des Veräußerers geführt hat. Die bereits von der Finanz- und Steuerdeputation am 2. Mai 1927 diesbezüglich aufgestellten Grundsätze werden in Ziff. 20 Abs. 1 der AusfBest. wiedergegeben, in den Abs. 2—8 aber den Zeitverhältnissen angepaßt und sinngemäß auf nicht erfaßte Fälle erweitert. Besonders bedeutungsvoll ist dabei der in Abs. 1 ausgesprochene Fortfall der Beschränkung auf die über eine Aufwertung von 15% hinausgehende Summe. Ferner die Gleichstellung auch des Falles, daß der Veräußerer die Last aus eigenen Mitteln zur Löschung gebracht hat (Abs. 4); weiter aber auch daß Abs. 7 die Berücksichtigung von Ausgleichsverpflichtungen des Zweitveräußerers im Billigkeitswege anordnet. Danach sind die Ausgleichsbeträge, die dieser tatsächlich an den Vorbesitzer infolge des Wiederauflebens gelöschter Hypotheken gezahlt oder sichergestellt hat, bei der Steuerberechnung für die Weiterveräußerung auf Antrag aus Billigkeitsgründen dem Erwerbspreis hinzuzurechnen.

Nicht einbezogen ist in diese grundsätzliche Billigkeitsregelung die Behandlung später aufgewerteter Restkaufhypotheken, obwohl die AusfBest. Ziff. 27 Abs. 7 zu § 22 die Restkaufhypotheken ausdrücklich von der Berücksichtigung der Aufwertung im Sinne von § 12 Abs. 2 (s. Anm. 2 zu § 2) ausnehmen, während die Billigkeitserwägungen in gleicher Weise auch für die Restkaufhypotheken sprechen.

§ 9.

Beim Übergang im Wege der Zwangsversteigerung gilt als Preis der Betrag des Meistgebots, zu dem der Zuschlag erteilt ist, unter Hinzurechnung der vom Ersteher übernommenen, gerichtlich festgelegten Leistungen[1]. Im Falle der Abtretung der Rechte aus dem Meistgebot oder der Erklärung des Meistbietenden, daß er für einen anderen geboten habe, tritt an die Stelle des Meistgebots der Wert der Gegenleistung, wenn sie höher ist als das Meistgebot[2, 3].

1. **Steuerpflicht** tritt ein mit **Zuschlag** (§ 2 b). Wenn Subhastat selbst erwirbt, keine Steuerpflicht; bezüglich Steuerpflicht bei Erwerb durch Kinder, siehe AusfBest. und Erläuterungen Ziff. 10.

Preis ist **Meistgebot** nebst den im Meistgebot übernommenen Leistungen (OVG. 62, 12; 65, 6; 87, 154), nicht aber sonstige Vereinbarungen, etwa mit Hypothekengläubiger über Stehenlassen der Hypothek.

Wegen Anrechnung ausgefallener Hypotheken des Erstehers bei Weiterveräußerung s. § 13 Ziff. 2 der StO.

2. Steuerpflicht ergibt sich aus § 2a, Ziff. 3 der StO. Hier ist bei Berechnung der Steuer Meistgebot Erwerbspreis und die höhere Gegenleistung des Zessionars Veräußerungspreis (OVG. 87, 145).

3. Ist zur Zeit der Subhastation des Grundstücks über dieses ein an sich der Steuer unterliegendes Ersatzveräußerungsgeschäft geschlossen, so kommt als Veräußerer im Sinne von § 24 nicht der eingetragene Subhastat, sondern der Zwischenerwerber in Frage (OVG. VII C 85/30, Deutsches Steuerblatt 1932, 152; VII C 37/30, JW. 32, 290).

§ 10.

(1) Ist ein Preis[1] nicht vereinbart[2] oder nicht zu ermitteln[3], so tritt an seine Stelle der Einheitswert, der nach den Vorschriften des Reichsbewertungsgesetzes auf den dem steuerpflichtigen Rechtsvorgang unmittelbar vorausgegangenen Feststellungszeitpunkt für das Grundstück festzustellen war oder, falls ein solcher noch nicht festgestellt worden ist, der gemeine Wert.

(2) Das gleiche gilt, wenn auf dem Grundstück eine der im § 1 bezeichneten Berechtigungen oder ein Nießbrauchsrecht lastet, zu deren Beseitigung der Veräußerer nicht verpflichtet ist, und der *Einheits- oder gemeine Wert (Absatz 1)* **des Grundstücks unter Berücksichtigung seiner Belastung den Wert der Gegenleistung übersteigt[4].**

(3) Wenn die Beteiligten einen Teil des Entgelts in die Form einer Vermittlungsgebühr, einer den üblichen Zinssatz erheblich übersteigenden Verzinsung des gestundeten Preises oder einer sonstigen Nebenleistung kleiden, so ist der als Teil des Entgelts anzusetzende Betrag durch Schätzung zu ermitteln[5].

(Ausführungsbestimmungen und Erläuterungen Ziff. 25 Seite 82).

1. **Einheitswert** eingeführt an Stelle des gemeinen Wertes durch Novelle vom 10. Juni 1931. Einheitswert der Grundstücke wird nach Bestimmungen des Reichsbewertungsgesetzes vom

22. Mai 1931 (RGBl. 1931, S. 222) durch Finanzämter festgesetzt. Letzte Festsetzung für 1. Januar 1932. Jetzt „gekürzter Einheitswert" gemäß Verordnung des Reichspräsidenten vom 12. Mai 1932 (RGBl. I 132). Falls Einheitswert noch nicht festgestellt ist, kann zur Beschleunigung der Veranlagung gemeiner Wert genommen werden (§ 10 Reichsbewertungsgesetzes). Die Bestimmung gilt erstmalig für die Einheitswerte vom 1. Januar 1931 (AusfBest. Ziff. 25).

2. **Preis ist nicht vereinbart** bei Auflösung von Treuhandverhältnissen (OVG. 80, 80) oder bei zum Schein als Schenkung dargestellten Geschäften (OVG. 75, 1); auch bei juristischer Nichtigkeit des Rechtsgeschäfts, z. B. wegen Geisteskrankheit, wenn Grundstück inzwischen an Gutgläubigen weiterverkauft ist (OVG. 73, 1). Ebenso wenn Grundstück zwischen Preisvereinbarung und Erwerbstag bebaut worden ist (OVG. 75, 7). Auch bei zur Steuerumgehung an Stelle der Veräußerung in Gang gebrachten Zwangsversteigerungen (s. § 5 und § 24, 2) ist der Einheitswert als Veräußerungspreis der Steuerberechnung zugrunde zu legen (OVG. 87, 174).

3. **Nicht zu ermitteln ist der Kaufpreis,** wenn Parteien ihn nicht angeben und er anderweit nicht festzustellen ist oder die Kaufbedingungen völlig unklar sind; wenn der im Vertrag angegebene Kaufpreis notorisch falsch ist, Parteien verstorben oder im Ausland sind (Amtliche Mitteilungen 1916, 127); bloße Schwierigkeiten bei Berechnung rechtfertigen aber noch nicht Veranlagung nach Einheitswert.

4. Die Bestimmung soll der **Umgehungsmöglichkeit,** — durch vorherige Belastung mit Nießbrauch oder sonstigen Rechten den Kaufpreis besonders niedrig zu halten — entgegenwirken.

5. Soll ebenfalls **Preisverschleierung,** insbesondere durch Provisionsvereinbarungen an Verwandte, verhindern; hier kann Steueramt von sich aus diesen Teil des Kaufpreises schätzen (s. auch § 11).

§ 11.

(1) Betrifft der steuerpflichtige Rechtsvorgang steuerpflichtige und steuerfreie Gegenstände, ohne daß Einzelpreise und -werte angegeben werden, so bestimmt die Steuerbehörde den auf die steuerpflichtigen Gegenstände entfallenden Teil der Gesamtsumme, wenn nicht der Steuerpflichtige auf Erfordern innerhalb der ihm bestimmten Frist die Trennung der Preise oder Werte nachholt[1].

Sind zum Zwecke der Steuerersparung dem wahren Wert nicht entsprechende Angaben gemacht worden, so ist der Betrag durch Schätzung zu ermitteln. Das gleiche gilt für die Verteilung des Gesamtbetrages auf mehrere steuerpflichtige Gegenstände [2].

(2) Ist in dem Einheitswert der Steuer solcher Gegenstände enthalten, die der Wertzuwachssteuer nicht unterliegen, so ist der Wert dieser Gegenstände zur Ermittlung des der Steuer zugrunde zu legenden Wertes auszuschneiden. Bildet nur ein Teil eines Grundstücks den Gegenstand des steuerpflichtigen Rechtsvorganges, so ist der auf ihn entfallende Teilbetrag des Einheitswertes der Besteuerung zugrunde zu legen. Der nach Satz 1, 2 maßgebende Wert ist nach den Grundsätzen des Reichsbewertungsgesetzes zu ermitteln. Die Steuerbehörde kann im Einverständnis mit dem Steuerschuldner von der genauen Ermittlung des Wertes absehen und einen Pauschbetrag für die Steuer festsetzen. Dies gilt auch dann, wenn die Versteuerung andernfalls noch ausgesetzt werden müsste [3].

(Ausführungsbestimmungen und Erläuterungen Ziff. 25 Seite 82).

1. Der Steuer nach der Steuerordnung unterliegt **nur Verkauf von Grundstücken**; zu diesen gehören auch wesentliche Bestandteile im Sinne des § 94 BGB. (z. B. Fahrstühle, Zentralheizung, Bodenerzeugnisse). Wenn für einen einheitlichen Preis auch nicht steuerpflichtige Sachen mitverkauft sind (Villa mit Automobil, Grundstück mit Geschäft — OVG. 77, 1 —), so muß Steuerpflichtiger auf Verlangen Preise oder Werte trennen; andernfalls Schätzung durch Steuerbehörde, ebenso auch wenn Grundstücke in Berlin und außerhalb für einheitlichen Preis veräußert, da nur Berliner Grundstücke der Berliner Steuerordnung unterliegen.

2. Ebenso wenn zum **Umgehungszweck** (§ 5) Preis falsch auf steuerpflichtiges Grundstück und steuerfreie Sachen verteilt ist oder mehrere Berliner Grundstücke für einheitlichen Preis veräußert sind (s. auch § 10 u. AusfBest. Ziff. 25).

3. Abs. 2 eingeführt durch Novelle vom 10. Juni 1931. Bezieht sich auf **Veranlagung nach Einheitswert** gemäß § 10, Abs. 1 der StO. Bei Schwierigkeiten in Feststellung des Einheitswerts Pauschbesteuerung mit Zustimmung des Steuerpflichtigen zulässig, entsprechend § 11 Abs. 2 Grunderwerbssteuerges. in Fassung der 1. NotV.

§ 12.

(1) Soweit der Erwerbspreis nicht in Gold-, Renten- oder Reichsmark berechnet ist, wird er gemäß den Bestimmungen des § 2 des Aufwertungsgesetzes vom 16. Juli 1925 *) nach seinem Goldmarkwert berechnet. Maßgebend für die Berechnung ist, falls ein Veräußerungsgeschäft abgeschlossen war, das zur Übertragung des Eigentums verpflichtete, der Tag des Abschlusses des Rechtsgeschäftes, in allen übrigen Fällen der Tag der Vollendung des Rechtsvorganges, der die Rechtsänderung bewirkt hat[1].

(2) Hat der Veräußerer beim Erwerb des Grundstücks in Anrechnung auf den Erwerbspreis Schuldverpflichtungen, Hypotheken usw. übernommen, so gilt abweichend von der Bestimmung des vorhergehenden Absatzes für die Berechnung des Goldmarkwertes der übernommenen Schuldverpflichtungen folgendes:

1. Soweit die Schuldverpflichtungen bei der neuen Veräußerung des Grundstücks noch bestehen und von dem neuen Erwerber übernommen werden, ist für die Berechnung ihres Goldmarkwertes der Umrechnungstag des übrigen Erwerbspreises (Absatz 1) maßgebend; jedoch ist ihr Wert für die Berechnung des Erwerbspreises mindestens mit dem gleichen Betrage einzustellen, wie er bei der Berechnung des neuen Veräußerungspreises in Ansatz gebracht worden ist.
2. Soweit die Schuldverpflichtungen bis zur neuen Veräußerung des Grundstücks getilgt sind, ist ihr Goldmarkwert nach dem Werte der Leistungen zu berechnen, die der Veräußerer für die Tilgung am Tilgungstage aufgewandt hat, soweit nicht ihr Goldmarkwert am Tage des Erwerbs des Grundstücks höher ist[2].

---

*) § 2 des Aufwertungsgesetzes: „Als Goldmarkbetrag gilt bei Ansprüchen, die vor dem 1. Januar 1918 erworben sind, der Nennbetrag. Ist der Anspruch später erworben, so wird der Goldmarkbetrag dadurch festgestellt, daß der Nennbetrag im Falle des entgeltlichen Erwerbes der Erwerbspreis, nach Maßgabe des Wertverhältnisses umgerechnet wird, das in der Anlage zu diesem Gesetze für den Tag des Erwerbes bestimmt ist; ist ein Umrechnungsverhältnis für diesen Tag nicht bestimmt, so ist das letzte vorhergehende Umrechnungsverhältnis maßgebend. An Stelle des Erwerbspreises ist der Nennbetrag der Berechnung zugrunde zu legen, wenn er, nach dem Zeitpunkt der Begründung des Anspruchs in Goldmark umgerechnet, niedriger ist. Ein Erwerb, der nach dem 13. Februar 1924 stattgefunden hat, bleibt für die Berechnung des Goldmarkbetrages außer Betracht."

(3) In gleicher Weise wie der Erwerbspreis nach Absatz 1 sind alle nach dieser Ordnung in Anrechnung kommenden Beträge, die nicht in Gold-, Renten- oder Reichsmark berechnet sind, umzurechnen.

(Ausführungsbestimmungen und Erläuterungen Ziff. 26 und 27 Seite 82—83).

1. Die Bestimmung bezieht sich auf Fälle, in denen **der Kaufpreis nach alter Währung** berechnet ist.

Die Umrechnung setzt voraus, daß der maßgebliche Zeitpunkt (Vertragsabschluß bzw. Vollendung der Rechtsänderung) in die Zeit vom 1. Januar 1918 bis 19. November 1923 fällt und der Preis nicht in Gold-, Reichs- oder Rentenmark ausgedrückt ist (AusfBest. Ziff. 26 Abs. 1). Fallen Angebot und Annahme zeitlich auseinander, ist regelmäßig der Zeitpunkt der Annahme der Stichtag für die Umrechnung (AusfBest. Ziff. 26 Abs. 2). Ist der Formmangel des Vertrages gemäß § 313 Abs. 2 später geheilt, so ist der Zeitpunkt der Eintragung maßgebend (AusfBest. Ziff. 26 Abs. 3). Doch hat die nachträgliche Genehmigung rückwirkende Kraft (OVG. VIII C 56/29 Jahrb. StR. X 603; AusfBest. Ziff. 4 Abs 1).

Zu beachten ist ferner, daß ein nichtiges Geschäft, sofern die Parteien trotz Unwirksamkeit der Eigentumsübertragung wirtschaftlich an dem Veräußerungsgeschäft festhalten, steuerpflichtig ist, auch wenn eine wirksame behördliche Genehmigung nicht erfolgt ist (JW. 1932 S. 292).

Umrechnung nach Aufwertungstabelle ist zulässig (OVG. 80, 76) Aufwertungstabelle S. 125—128. Wenn der Kaufpreis in ausländischer Währung berechnet ist, ist er nach amtlichen Kursen zur Zeit des Erwerbs umzurechnen.

Eine nachträglich vom Erwerber gewährte Aufwertung des in Papiermark gezahlten Kaufpreises darf nicht zur Nachbesteuerung herangezogen werden.

2. Diese Bestimmung soll die Unbilligkeit beseitigen, daß bei Erwerb in Papiermark übernommene **Hypotheken** während der Besitzzeit in Goldmark **aufgewertet** sind und mit diesem Goldmarkbetrage im Veräußerungspreis erscheinen, so daß hierdurch ein wirtschaftlich nicht bestehender Wertzuwachs zu versteuern wäre.

Wenn Hypotheken sich, abgesehen von Aufwertung zwischen Erwerb und Veräußerung nicht verändert haben, müssen sie im Erwerbs- und Veräußerungspreis mit gleichen Beträgen eingesetzt werden; bei Ablösung durch Veräußerer während Besitzzeit muß ihr Ablösungsbetrag im Erwerbspreis berücksichtigt werden (OVG.

PrVBl. 50, 142; s. im einzelnen AusfBest. Ziff. 27; insbesondere Umrechnungskurs Abs. 2, 3, Zwangsversteigerung Abs. 5. Der ausgefallene Teil von Aufwertungshypotheken muß aber wenigstens mit Papiermarkbetrag, umgerechnet gemäß § 12, 1 der RO. im Erwerbspreis erscheinen (Bezirksausschuß Berlin vom 14. Januar 1932 II Z. 148 ff.).

Die Regelung beseitigt nicht sämtliche **Härten**; so wird nur Aufwertung der dinglichen Forderung berücksichtigt, nicht aber höhere Aufwertung der persönlichen Forderung. Ferner fallen unter die Bestimmungen des § 12 Abs. 2 nicht Ausgleichsbeträge, welche an Vorbesitzer nach Rechtsprechung des RG., zu zahlen sind, wie auch nicht Restkaufgelder (AusfBest. Ziff. 27 Abs. 7).

§ 12 Abs. 2 bezieht sich nach seinem Wortlaut auch nur auf Hypotheken und sonstige Verpflichtungen, die vom Veräußerer beim Erwerb übernommen worden sind. (Eine Restkaufgeldhypothek ist keine in Anrechnung auf den Kaufpreis übernommene Hypothek, sondern nur gestundeter Teil als in bar zu zahlenden Kaufpreises, also Zahlungsmodalität, die auf die rein ziffernmäßige Beachtung des Erwerbspreises ohne Einfluß bleibt (OVG. vom 27. März 1931, VII C 188, 30, Deutsches Steuerblatt 1931, 1085; vgl. § 8 Anm. 11.) Für die im § 12 Abs. 2 nicht berücksichtigten gleich oder ähnlich liegenden Fälle, in denen zwar der jetzige Veräußerer die Hypotheken nicht übernommen, sie aber stehen geblieben oder von ihm selbst in der Inflationszeit getilgt, später aber wieder durch die Aufwertungsgesetzgebung zu seinen Lasten aufgelebt sind, sehen die AusfBest. Ziff. 20 zu § 8 die Regelung im Billigkeitswege vor (vgl. Anm. 11 zu § 8). In Abs. 7 und 8 der AusfBest. Ziff. 20 finden auch die Ausgleichsansprüche Berücksichtigung.

§ 13.

(1) Dem Erwerbspreis sind hinzuzurechnen:

1. **6 v. H. des Erwerbspreises als Ersatz der Erwerbskosten. In den Fällen des § 12 sind die 6 v. H. von dem sich nach Abs. 1 des § 12 ergebenden Erwerbspreise zu berechnen [1]. Auf Antrag sind die nachweislich aufgewendeten Erwerbskosten einschließlich der gezahlten Vermittlungsgebühr hinzuzurechnen. Tritt an die Stelle des Erwerbspreises** *der Einheits- oder gemeine Wert (§ 10 Absatz 1)* **des Grundstücks, so fällt die Anrechnung der Erwerbskosten fort [2].**
2. **Falls der Erwerb im Wege der Zwangsversteigerung erfolgt ist und der Veräußerer zur Zeit der Einleitung der Zwangs-**

versteigerung Hypotheken- oder Grundschuldsgläubiger war, der nachweisliche Betrag seiner ausgefallenen Forderungen in Höhe ihres Wertes zur Zeit des Zuschlages bis zu dem *Einheits- oder gemeinen Werte (§ 10 Absatz 1)*, den das Grundstück zur Zeit der Zwangsversteigerung oder, wenn der Wert zur Zeit der Eintragung der Forderungen höher war, zu diesem Zeitpunkt hatte. Die Forderungen kommen, wenn sie durch entgeltliches Rechtsgeschäft erworben sind, nur in Höhe des geleisteten Entgelts in Anrechnung[3]. Beruht ihr Erwerb auf einer Schenkung oder ist ihr Erwerb innerhalb einer kürzeren Zeit als zwei Jahre vor der Einleitung der Zwangsversteigerung erfolgt, so werden die Forderungen nur berücksichtigt, wenn nach den Umständen Schenkung oder Erwerb keine Wertzuwachssteuerersparung bezweckten[4]. Hat der Veräußerer an dinglich Berechtigte, ohne deren Forderungen erworben zu haben, Abfindungen zur Erzielung eines geringeren Meistgebots gezahlt, so sind diese in entsprechender Weise dem Erwerbspreis hinzuzurechnen.

3. Die Aufwendungen für Bauten, Umbauten und sonstige dauernde Verbesserungen (einschließlich der ortsüblichen Bauzinsen), auch solche land- und forstwirtschaftlicher Art, die innerhalb des für die Steuerberechnung maßgebenden Zeitraumes gemacht sind, und nicht der laufenden Unterhaltung von Baulichkeiten oder der laufenden Bewirtschaftung von Grundstücken dienen, soweit die Bauten und Verbesserungen noch vorhanden sind. Als für die Steuerberechnung maßgebender Zeitraum gilt die Zeit von dem der Steuerberechnung zugrunde zu legenden Erwerbsvorgang bis zu dem die Steuerpflicht auslösenden Rechtsvorgang (§ 2). § 14 Abs. 1 Satz 2 findet sinngemäß Anwendung. Zuschüsse von dritter Seite, auf deren Rückgabe der Hergeber verzichtet hat, sind von den Kosten des Neubaues oder der Verbesserung abzuziehen; ebenso bleiben die durch Versicherungen gedeckten Kosten außer Ansatz; hierbei ist der Wert eigener Arbeit, soweit durch sie bei der Durchführung von Bauten, Umbauten und sonstigen dauernden Verbesserungen eine sonst notwendige fremde Arbeitskraft ersetzt wird, in Höhe des ortsüblichen Lohns als Aufwendung anzurechnen[5].

4. Die Aufwendungen, Leistungen und Beiträge für Straßenbauten, andere Verkehrsanlagen einschließlich der Kanalisierung, sowie ohne entsprechende Gegenleistung und Verzinsung geleistete Beträge für sonstige öffentliche Einrichtungen, soweit die Aufwendungen, Leistungen und Beträge [6] innerhalb des für die Steuerberechnung maßgebenden Zeitraumes [7] gemacht oder die zugrunde liegenden Verpflichtungen entstanden sind.

(2) Nicht anrechnungsfähig sind Aufwendungen auf steuerfreie Gegenstände (§ 11).

(3) Für die Berechnung des Goldmarkwertes (§ 12 Abs. 3) der Hinzurechnungen ist im Falle der Ziff. 1 der im § 12 Abs. 1 bestimmte Stichtag, im Falle der Ziffer 2 der in dieser Ziffer angegebene Zeitpunkt, im Falle der Ziffern 3 und 4 der Tag der Leistung maßgebend [7].

(Ausführungsbestimmungen und Erläuterungen Ziff. 28—37 Seite 84—89).

1. Grundsätzlich werden **6%** des Erwerbspreises als **Pauschale** für Erwerbslasten dem Erwerbspreis hinzugerechnet und zwar auch wenn überhaupt keine Erwerbskosten entstanden sind (OVG. 69, 18); bei Erwerb in Inflation jedoch nur nach dem gemäß § 12 umgerechneten Erwerbspreis ohne Berücksichtigung etwaiger Hypothekenaufwertung (AusfBest. Ziff. 29). Daß bei Steuerberechnung nach Einheits- oder gemeinem Wert keine Erwerbskosten berechnet werden, erscheint unbillig. Erwerbslasten für übersprungene steuerfreie Rechtsgeschäfte (§ 7) dürfen nicht berücksichtigt werden (§ 14 Abs. 1; A. M. Hagelberg-Krämer § 8 Anm. 2).

2. Bei **Nachweis tatsächlich aufgewendeter höherer Erwerbslasten** volle Anrechnung. Dazu gehören Vermittlungsgebühr, regelmäßig aber nur in der ortsüblichen Höhe von 2—3, höchstens 5% (s. AusfBest. Ziff. 30, 1), und nicht auch etwaige durch die Provision mit abgedeckte Reklamekosten, (s. AusfBest. Ziff. 30, 2). Grunderwerbsteuer (nicht Wertzuwachssteuer, s. § 20), auch nicht Reichsumsatzsteuer OVG. vom 27. Februar 1931, VII C 28/30, Deutsches Steuerblatt 1931, 635 — OVG. 87, 132), Notariatsgebühren, Gerichtskosten für die Grundbuchumschreibung, auch für Zuschlag in Zwangsversteigerung, erforderliche Reisekosten eines auswärtigen Eigentümers zum Vertragsabschluß oder Kosten für Beauftragung eines Bevollmächtigten. Nicht aber allgemeine Geschäfts- und Reklamekosten, etwa einer Grundstücksparzellierungsgesellschaft oder für den Geschäftsbetrieb allgemein gezahlte Gewerbe- oder Umsatzsteuer.

Prozeßkosten auf Auflassung oder Übergabe gegen den säumigen Verkäufer (OVG. Jahrb. StR. X, 640) gelten als Erwerbskosten, da sie „unmittelbar und regelmäßig mit den Rechtsvorgängen des Erwerbs zusammenhängen" (AusfBest. Ziff. 28). Mit OVG. VII C 120/27 wollen aber die AusfBest. (ebenda) nicht die Kosten eines Schwarzkaufprozesses, mit dem der jetzige Veräußerer sein Eigentum am Grundstück klargestellt oder erst erlangt hat, zu den Erwerbskosten rechnen. Hat aber der Verkäufer wegen angeblicher Unrichtigkeit oder Unverständlichkeit des notariellen Kaufvertrages und wegen der hierauf gegründeten angeblichen Unwirksamkeit der Auflassung und Genehmigung einen Widerspruch im Grundbuch erwirkt, so dürften doch die Prozeßkosten unmittelbar auf den Rechtsvorgang des Erwerbs zurückzuführen sein, wenn der Schwarzkaufprozeß zur Klärung der Rechtslage und Schaffung einwandfreiem Eigentums erforderlich war. Hier ist zum mindesten Anrechnung aus Billigkeitsgründen (§ 33 StO.) erforderlich.

3. Jetziger **Veräußerer** muß **Grundstück in Zwangsversteigerung erworben** haben und mit Teil seiner Hypothek oder Grundschuld ausgefallen sein. Nicht sonstige dinglich Berechtigte. Identität zwischen Ersteher und Gläubiger erforderlich. So nicht begünstigt Pfandgläubiger der Hypothek (PrVWBl. 28, 685 und 29, 495) oder Ersteher als Treuhänder des Hypothekengläubigers (OVG. 60, 139). Ersteher muß z. Z. der ersten Beschlagnahme (§ 20 ZwVerstGes.) dinglicher Gläubiger, oder dessen naher Verwandter (s. AusfBest. Ziff. 31, Abs. 2) gewesen sein; muß Hypothek gemäß § 1154 BGB. oder sonst nach Grundsätzen des dinglichen Rechts (§§ 1163, 1164, 1168, 1173 BGB.) erworben haben.

Ausgefallene Forderung sind Kapital, rückständige Zinsen, Kosten der Rechtsverfolgung (OVG. 64, 35). Nachweis des Ausfalls, auch Erfolglosigkeit der Vollstreckung gegen persönlichen Schuldner (OVG. 77, 45) erforderlich. Anrechnung nur in Höhe des tatsächlichen Werts der Forderung, insbesondere bei Höchstbetrags- oder Sicherungshypothek höchstens bis Einheits- oder gemeinen Wert des Grundstücks. Eine Vermittelungsgebühr kann aber weder für den Erwerb noch für die Veräußerung in Rechnung gestellt werden (AusfBest. Ziff. 30, 3). Wohl aber nach § 13 Abs. 1 Ziff. 2 auch Abfindungen an dinglich Berechtigte, die ohne Erwerb der Forderungen zur Erzielung eines geringeren Meistgebots gezahlt werden (AusfBest. Ziff. 31 Abs. 1).

4. Keine Anrechnung, wenn Umgehungsabsicht (§ 5) insbesondere bei Erwerb in künstlich herbeigeführter Zwangsversteigerung (s. AusfBest. Ziff. 31 Abs. 3).

5 Nur **Aufwendungen** für tatsächliche **Verbesserungen**, durch die der Wert des Grundstücks objektiv erhöht ist, anrechenbar (Zentralheizung, Fahrstuhlanlage, Bewässerungsanlage; über Aufwendungen land- und forstwirtschaftlicher Art, AusfBest. Ziff. 36). Gegebenenfalls auch Abbruchkosten, wenn dadurch Grundstückswert erhöht wird, sowie Aufwendungen für rechtliche Verbesserungen des Grundstücks (Belastung eines Nachbargrundstücks mit Hofgemeinschaft, Amtliche Mitteilungen 1913, S. 100). Über die Anrechnung des Wertes der eigenen Arbeit zu den üblichen Lohnsätzen, bei Architekten nach bestimmten Höchstrichtsätzen, s. AusfBest. Ziff. 35.

Laufende Instandsetzungskosten im allgemeinen nicht zu berücksichtigen, höchstens wenn Grundstück schon bei Erwerb sehr verwahrlost (OVG. 75, 27, über vergleichsweise Feststellung AusfBest. Ziff 34) ebensowenig gemäß OVG. Jahrb. StR. X, 641 Hypothekenbeschaffungskosten (sog. Damnum); auch fallen nicht die in der Bauzeit entgangenen Zinsen des aufgewendeten Eigenkapitals unter die grundsätzlich anrechnungsfähigen Bauzinsen (AusfBest. Ziff. 37).

6. **Aufwendungen für Anliegerbeiträge** (§ 15 Fluchtliniengeſ. v. 2. Juli 1875) **oder Beiträge gemäß § 9 KAG.** v. 14. Juli 1893, Unterhaltungskosten für Straßen, auch Privatstraße (OVG. 76, 1).

Ebenso für Kanäle, Eisenbahnen, Straßenbahnen, Straßenkanalisierung, oder öffentliche Anlagen wie Parks, Krankenhäuser, Schulen, Friedhöfe.

Leistungen können in Geld, aber auch in Sachwerten (Übergabe von Straßenland an Stadt unentgeltlich oder unter Wert) geschehen.

Erforderlich aber örtliche Beziehung der Einrichtungen zu dem Grundstück und daraus sich ergebende Wertverbesserung.

Nicht aber erforderlich, daß die Vornahme im Auftrage und auf Kosten des Veräußerers erfolgt ist (OVG. ReichsstBl. 31, 1086). Auch Aufwendungen eines Pächters sind im Falle der Grundstücksveräußerung dem Erwerbspreis hinzuzurechnen, Baukostenzuschüsse von Mietern aber dann nicht, wenn es sich um sog. verlorene Zuschüsse handelt, auf deren Rückgabe der Hergeber verzichtet hat (AusfBest. Ziff. 33).

7. D. h. die Zeit zwischen dem schuldrechtlichen Erwerb und der schuldrechtlichen Veräußerung des Grundstücks bzw. zwischen den an ihre Stelle tretenden Rechtsvorgängen; bei zeitlichem Auseinanderfallen von Angebot und Annahme ist der Zeitpunkt der Annahme entscheidend, es sei denn, daß bereits zur Zeit des Kaufangebots der wirtschaftliche Eigentumsübergang als erfolgt anzusehen ist (AusfBest. Ziff. 32).

§ 14.

(1) Beruht der Erwerb des Grundstücks auf einem steuerfreien Rechtsvorgang der im § 7 bezeichneten Art, so ist für die Bemessung des Wertzuwachses von dem Preise zur Zeit des letzten steuerpflichtigen Rechtsvorganges auszugehen. Entsprechendes gilt in den Fällen des § 26 Abs. 1 Ziff. 1—3, 5 und 6 dieser Ordnung, wenn die Steuer erlassen oder erstattet wird. Ob im Sinne dieser Vorschrift Rechtsvorgänge steuerfrei oder steuerpflichtig sind, ist auch für die Zeit vor dem Inkrafttreten dieser Ordnung nach ihr zu bestimmen [1].

(2) Werden nach dem 30. September 1930 Grundstücke veräußert, die in der Zeit vom 1. Januar 1919 bis zum 31. Dezember 1924 bei Umwandlung einer Kapitalgesellschaft in eine Kapitalgesellschaft anderer Rechtsform von der alten auf die neue Gesellschaft übergegangen sind, so bleibt für die Bemessung des Wertzuwachses auf Antrag des Steuerpflichtigen der infolge der Umwandlung eingetretene Eigentumsübergang unberücksichtigt [2].

(3) Liegt der für die Bemessung des Wertzuwachses maßgebende Erwerbsvorgang vor dem 1. Januar 1900, so tritt an die Stelle des Preises der gemeine Wert an diesem Tage, wenn der Steuerpflichtige nicht nachweist, daß er oder sein Rechtsvorgänger vor jener Zeit bei einem steuerfreien oder steuerpflichtigen Erwerb einen höheren Erwerbspreis gezahlt hat [3].

(Ausführungsbestimmungen und Erläuterungen Ziff. 38—40 Seite 89—91.)

1. Der nach § 7 **steuerfreie Rechtsvorgang** ist völlig aus der Kette der Rechtsgeschäfte **auszuschalten**; ebenso Fälle, in denen Steuer nach § 26 Abs. 1 Ziff. 1—3, 5 und 6 erlassen oder erstattet ist; nicht aber bei Ermäßigung gemäß § 26 Abs. 1 Ziff. 4, da hier das Rechtsgeschäft bestehen bleibt, und auch nicht in den Fällen des § 6 (AusfBest. Ziff. 7 und 38). Stets Rückgriff auf letztes steuerpflichtiges Geschäft, auch für die Zeit vor Inkrafttreten der StO. Die Bestimmung erfaßt also den ganzen Wertzuwachs für die Dauer des Erbbesitzes der Familie und den sonstigen Zeitraum seit dem letzten steuerpflichtigen Erwerb bis zur Weiterveräußerung; die zeitliche Rückverlegung des Erwerbsvorganges kann andererseits sich in dem Steuersatz zugunsten des Veräußerers auswirken, bei altem Familienbesitz (je nach der Höhe des Wertzuwachses über 25 Jahre bis längstens über 65 Jahre) sogar zur Steuerfreiheit führen (vgl. Tabelle Anlage 2). Sich ergebende

Härten können gemäß § 33 ausgeglichen werden (AusfBest. Ziff. 38 u. 78).

2. Bestimmung will **Rationalisierung** von Kapitalgesellschaften (§ 3 KapVerkGes.) nicht durch unnötig hohe Steuern erschweren. Praktische Auswirkungen AusfBest. Ziff. 39.

3. Die Anwendung von Abs. 3 setzt voraus, daß der letzte steuerpflichtige Rechtsvorgang im Sinne von § 2 StO. vor dem 1. Januar 1900 liegt. Primär ist hier stets der gemeine Wert als Erwerbspreis einzusetzen, ohne Rücksicht darauf, ob der letzte steuerpflichtige Rechtsvorgang in die Zeit vor dem 1. Januar 1900 fällt. Der Steuerpflichtige kann sich aber darauf berufen, daß vor dem 1. Januar 1900 ein höherer Erwerbspreis gezahlt worden ist, und zwar auch dann, wenn der herangezogene Erwerbsvorgang an sich steuerfrei gewesen; jedoch hat er gegebenenfalls den höheren Erwerbspreis nachzuweisen.

Zu beachten ist, daß dem gemeinen Wert gemäß § 13 Abs. 1 Ziff. 1 Erwerbskosten nicht hinzugerechnet werden dürfen. Der Erwerbspreis ist also auch dann auf Verlangen des Steuerpflichtigen an Stelle des gemeinen Wertes einzusetzen, wenn er einschließlich der Erwerbskosten den gemeinen Wert übersteigt (AusfBest. Ziff. 40 Abs. 1).

Über die Berechnung der Steuerermäßigung gemäß § 23 Abs. 3 bei Einsetzung des gemeinen Wertes als Erwerbspreis (AusfBest. Ziff. 45 Abs. 3).

§ 15.

(1) Bei einem aus Anlaß einer Flurbereinigung, Grenzregulierung oder Umlegung empfangenen Grundstück ist als Erwerbspreis das Entgelt anzusehen, das bei dem letzten steuerpflichtigen Rechtsvorgang für das in die Flurbereinigung usw. gegebene Grundstück bezahlt worden ist. § 14 Abs. 1 Satz 2 findet sinngemäß Anwendung. Ausgleichszahlungen sind dem Erwerbspreis hinzu- oder von ihm abzurechnen.

(2) Hat der Eigentümer oder sein Rechtsvorgänger bei der Flurbereinigung, Grenzregelung oder Umlegung mehrere Grundstücke empfangen, so werden deren Erwerbspreise aus dem in Absatz 1 bezeichneten Entgelt nach dem Verhältnis berechnet, in welchem die Werte der empfangenen Grundstücke im Zeitpunkt der Flurbereinigung, Grenzregelung oder Umlegung zueinander gestanden haben.

Flurbereinigung, Grenzregulierung, Umlegung an sich steuerfrei (§ 7 Abs. 1 Ziff. 7 StO.). Hier Besonderheit gegenüber § 14 Ziff. 1, daß bei Weiterverkauf auf letztes steuerpflichtiges Geschäft des in die Flurbereinigung **gegebenen** Grundstücks zurückzugehen ist.

§ 16.

(1) Beschränkt sich der steuerpflichtige Rechtsvorgang auf einen Teil des Grundstücks, so wird der Erwerbspreis dieses Teiles nach dem Verhältnis seines Wertes zum Wert des Gesamtgrundstücks berechnet [1].

(2) Unentgeltliche dauernde Überlassung von Grundstücken für Verkehrszwecke, für öffentliche oder gemeinnützige Zwecke, wird in der Weise berücksichtigt, daß der Gesamterwerbspreis nicht auf die ursprüngliche, sondern auf die nach Abtretung verbleibende Fläche verteilt wird. Hierzu ist nicht erforderlich, daß eine Eigentumsübertragung erfolgt ist [2].

(3) Werden Teile eines örtlich und wirtschaftlich zusammenhängenden Grundbesitzes durch verschiedene Rechtsvorgänge von demselben Veräußerer oder dessen Erben innerhalb dreier Jahre übertragen, so ist der Steuerpflichtige berechtigt, von dem Wertzuwachs des einen Teils des Grundstücks einen bei der Veräußerung anderer Teile eingetretenen Verlust abzuziehen [3]. Die Zuwachssteuer wird bei den einzelnen Rechtsvorgängen fällig; etwa zuviel gezahlte Steuer wird nach dem letzten Rechtsvorgang auf Antrag erstattet [4].

(Ausführungsbestimmungen und Erläuterungen Ziff. 41 Seite 91.)

1. Berechnung des **Erwerbspreises bei realer Teilveräußerung** eines Grundstücks. „Grundbesitz" ist größerer wirtschaftlich zusammenhängender Grundstückskomplex (OVG. 69, 36); **Berechnung des Erwerbspreises** für veräußertes Teilgrundstück nicht nach Flächenverhältnis, sondern **nach Wertverhältnis zur Zeit des Erwerbs** (OVG. 64, 118).

2. Bei **unentgeltlicher dauernder Überlassung** eines Grundstücks für Verkehrszwecke wird gesamter, für das ganze Grundstück gezahlter **Erwerbspreis auf Restgrundstück** verteilt. Dann aber nicht noch einmal Anrechnung gemäß § 13 Abs. 1 Ziff. 4 StO. (OVG. 67, 20). **Dauernde, tatsächlich unentgeltliche Überlassung** erforderlich, aber nicht rechtlicher Eigentumsübergang notwendig (OVG. 70, 28).

3. Begriff des **örtlichen und wirtschaftlichen Zusammenhangs** (PrVWBl. 36, 811). Letzterer wird aber nicht durch vorübergehende Verpachtung, also anderweite wirtschaftliche Nutzung eines Teils des Grundstücks aufgegeben (OVG. 71, 31).

Teilveräußerungen müssen von demselben Eigentümer oder seinen Erben erfolgt sein, nicht von Dritten.

4. Der Ausgleichsanspruch kann nicht bei jeder Einzelveranlagung, etwa im Einspruchsverfahren, geltend gemacht werden, wohl aber bereits vor Ablauf der 3jährigen Frist, sofern das letzte Teilgrundstück bereits verkauft ist (OVG. 73, 30; 77, 9; AusfBest. Ziff. 41 Abs. 2).

Für die Anwendung der Vorschrift genügt es, wenn die letzte Teilveräußerung während der zeitlichen Geltungsdauer der StO. bewirkt worden ist (AusfBest. Ziff. 41 Abs. 1).

Zugrunde zu legen sind bei dem Ausgleich sämtliche Steuerfälle (OVG. 73, 30; AusfBest. 41 Abs. 3).

Zieht sich eine Parzellierung länger als 3 Jahre hin, so ist von dem nach Ablauf der 3 Jahre noch unveräußerten Grundbesitzbestand auszugehen (OVG. Amtl. Mitt. 1917, S. 103, AusfBest. Ziff. 41 Abs. 4).

§ 17.

Bei Teilveräußerungen sind nur diejenigen Aufwendungen anzurechnen, welche diesen Teil ausschließlich oder gemeinschaftlich mit anderen Teilen betreffen. Im letzteren Falle erfolgt die Anrechnung nach dem Verhältnis des Wertes, den die Grundstücksteile zur Zeit der Veräußerung haben.

Wegen des Begriffs **Aufwendung** s. § 13. Anrechnung auf veräußertes Teilgrundstück nur, wenn sie diesem nach Abtrennung noch von Nutzen (OVG. 73, 25). Auch mittelbare Aufwendungen, so für Rechte, durch welche Grundbesitz in Gegend gewonnen hat (OVG. 72, 55). Wenn Aufwendungen für verkauftes und Restgrundstück werterhöhend, **Verteilung** nicht nach Größe, sondern **nach Wert** der Grundstücksteile, aber **zur Zeit der Veräußerung.** Gegensatz zu Preiszerlegung nach § 16, 1 StO.

§ 18.

Von dem Veräußerungspreise sind in Abzug zu bringen die dem Veräußerer nachweislich zur Last fallenden Kosten der Veräußerung und Übertragung[1] einschließlich der von ihm für die

Vermittlung tatsächlich gezahlten Gebühr[2]**, sofern nicht an Stelle des** *Preises der Einheits- oder gemeine Wert* **maßgebend ist (§ 10).**

(Ausführungsbestimmungen und Erläuterungen Ziff. 42 Seite 92.)

1. **Pauschalierung,** wie bei Erwerbskosten (§ 13 Abs. 1 Ziff. 1) **nicht zulässig;** nachweislich der Veräußerungskosten erforderlich. Im übrigen finden § 13 Abs. 1 Ziff. 1 AusfBest. Ziff. 28, 30 sinngemäße Anwendung. Anrechenbar danach nur **Kosten,** die unmittelbar zur **Veräußerung und Übertragung erforderlich sind** (OVG. 64, 54), nicht mittelbare Vorbereitungskosten; auch nicht Umsatzsteuer, welche erhoben wird, wenn Grundstück innerhalb gewerblicher Tätigkeit veräußert wird (OVG. 78, 6) oder allgemeine Geschäftsunkosten des Veräußerers (OVG. 67, 22). Die Grunderwerbssteuer nur in der vom Erwerber tatsächlich übernommenen Höhe (OVG. Jahrb. StR. X 648); bezüglich übernommener Wertzuwachssteuer vgl. § 20, Anm. 1. Leistungen auf Grund einer Garantie für Lastenfreiheit bei Veräußerung von Gesellschaftsanteilen sind nach OVG. VII C 71/28 nicht anrechnungsfähig (vgl. aber gegenüber dieser formalistischen Auffassung des OVG. RG. 120, 283, u. Domke, Berl. WertzuwachsStO. zu § 18, Anm. 8 Hagelberg-Krämer, Wertzuwachssteuerrecht S. 13, 16).

Auch bei Tauschvertrag ist Anrechnung zulässig.

2. Vom Veräußerer gezahlte Vermittlungsgebühr ist regelmäßig in voller Höhe anrechenbar (bei außergewöhnlicher hoher Provision vgl. aber § 13 Anm. 2 u. AusfBest. Ziff. 30). Nicht abzugsfähig sind die Kosten der Vermessung und eines Parzellierungsplans, wohl aber die Kosten zur Beschaffung des Katastermaterials (AusfBest. Ziff. 42; OVG. 64, 67).

§ 19.

Dem Veräußerungspreis sind Entschädigungen[1] **für eine Wertminderung des Grundstücks**[2] **hinzuzurechnen, soweit der Anspruch während des für die Steuerberechnung maßgebenden Zeitraumes entstanden**[3] **und der Betrag nicht nachweislich zur Beseitigung des Schadens verwendet worden ist**[4]**.**

1. Es soll verhindert werden, daß **Entschädigungszahlungen,** welche nicht zur Beseitigung des Schadens verwendet sind, sich der Besteuerung entziehen (vorweg genommener Wertzuwachs).

2. **Wertminderung** kann auf Naturursachen (Feuer, Windbruch, Überschwemmungen, Erdbeben), gesetzlich zulässigen Einwirkungen Dritter (Bergbauschäden, Immissionen [§ 906 BGB.], Überbau

[§ 912 BGB.], Notweg [§ 917 BGB.]), vertraglicher Einwirkung (Belastung mit Dienstbarkeit), Teilenteignung beruhen.

3. Wegen des Begriffs „für die Steuerberechnung maßgebender Zeitraum" s. § 13 Abs. 1 Ziff. 3 Satz 2 der StO. Entschädigungsanspruch muß auf Gesetz oder Vertrag (auch Versicherungsvertrag) beruhen, nicht auf freiwilliger Leistung.

4. Nicht allzu kleinliche Auslegung; so, wenn Schaden eines verbrannten Stalles durch neu errichtete Garagen beseitigt. Neubau darf aber nicht auf nicht mitveräußertem Teil des Grundstücks errichtet sein (OVG. 69, 41).

§ 20.

(1) Hat der Erwerber des Grundstücks die Zahlung der Wertzuwachssteuer übernommen, so gehört diese zum Veräußerungspreis im Sinne des § 8 der Ordnung [1].

(2) Die Berechnung der Steuer erfolgt in der Weise, daß dem Kaufpreis ein nach den sonstigen Bestimmungen der Ordnung berechneter Steuerbetrag hinzugerechnet und hiernach die Steuer festgesetzt wird [2].

(Ausführungsbestimmungen und Erläuterungen Ziff. 43 Seite 92.)

Die **Übernahme der Steuer** muß vertraglich klar zum Ausdruck gebracht sein (JW. 29, 656).

Nicht notwendig ist allerdings, daß **im Vertrage** die Wertzuwachssteuer ausdrücklich als übernommen aufgeführt wird. Es genügt vielmehr zur Klarstellung, daß „sämtliche Steuern" (JW. 29, 656; OVG. Jahrb. StR. X, 654) oder „die mit der Urkunde jetzt und in der Folge verbundenen Kosten" (RG. V 575/28, Grundeigentum 30, 303), nicht aber, daß „die Kosten der Auflassung und Eintragung" (RG. 75, 210) übernommen werden. Gegebenenfalls kommt auch die Anfechtung wegen Irrtums oder Betruges in Betracht (OVG. Jahrb. StR. X, 654; RG. VI 213/30 Grundeigentum 31, 317).

Da die Übernahme der Wertzuwachssteuer eine **Hauptleistung** bildet (RG. II 379/27), bedarf ihre Übernahme an sich der notariellen Form. Die Verschweigung der Übernahme im notariellen Protokoll, die mit Absicht der Steuerersparnis erfolgt, gefährdet die Wirksamkeit des ganzen Kaufvertrages. Wird aber die formlos vereinbarte Übernahme durch Auflassung und Eintragung gemäß § 313 Abs. 2 BGB. mit dem Kaufvertrag wirksam, so ist auch die Steuerpflicht gegeben.

Der Veräußerungspreis erhöht sich um die übernommene Steuer. Sie ist Teil des Veräußerungspreises (OVG. 78, 103) und wird auch bei Weiterveräußerung als Teil des Erwerbspreises angesehen.

Wenn Erwerber nicht auf Grund vertraglicher Vereinbarung, sondern aus anderen Motiven Steuer zahlt, kann die Steuer nicht zum Wertzuwachs hinzugerechnet werden (OVG. 80, 92).

Die Steuerpflicht des Veräußerers (§ 24 der StO.) wird jedoch durch derartige Vereinbarung nicht berührt; sie wirkt nur intern zwischen den Vertragsparteien.

Die Steuer gehört aber auch zu den Werbungskosten gemäß § 43 EinkStG. und zwar für das Jahr der Grundstücksveräußerung (RFH. VI A 1532/29).

2. Die Steuer ist danach unter Zugrundelegung des vereinbarten tatsächlichen Kaufpreises zunächst zu errechnen, der sich hieraus ergebende **Steuerbetrag ist** sodann **dem** vereinbarten **Veräußerungspreis hinzuzusetzen,** und unter Einstellung des somit erhöhten Kaufpreises als Veräußerungspreis ist die Steuer endgültig festzusetzen (AusfBest. Ziff. 43 Abs. 1). Die Art der Berechnung ist also für den Steuerpflichtigen günstiger als nach der Rechtsprechung des RFH. (St. u. W. 29 Nr. 655) bez. der Grunderwerbssteuer (AusfBest. Ziff. 43 Abs. 2). Wird die Steuer vom Käufer übernommen, so ist der von ihm zu zahlende Steuerbetrag geringer, als die Steuer, die der Verkäufer zu zahlen hat, wenn im Vertrag die Steuer nicht auf den Käufer abgewälzt, sondern der Kaufpreis als Bruttopreis in der Weise festgelegt wird, daß der Verkäufer auf den von ihm zu erzielenden Nettopreis den sich nach der StO. ergebenden Steuerbetrag hinzuschlägt (vgl. „Asch, Arithmetik in der Wertzuwachssteuer", Zeitgemäße Steuerfragen 1930, Heft 7). Freilich bringt die Übernahme der Steuer wegen der Unsicherheit ihrer Vorausberechnung ein Risiko für den Käufer mit sich, während der gleiche Grund dem Verkäufer die Errechnung des Nettoerlöses erschwert. Es bedeutet deshalb eine erhebliche Erleichterung des Grundstücksverkehrs, daß seit dem Jahr 1931, zunächst laut Schreiben des Oberbürgermeisters an die Industrie- und Handelskammer vom 6. Mai 1931 (Mittl. d. Industrie- und Handelskammer 31, 381), und nunmehr gemäß AusfBest. Ziff. 72, auf Antrag des Grundstückseigentümers bereits vor der Veräußerung des Grundstücks ein **verbindlicher Vorbescheid** über die Höhe der voraussichtlichen Steuer zu erteilen ist.

§ 21.

(1) Im Falle der steuerpflichtigen Überlassung eines Grundstücks, das mehreren zur gesamten Hand[1] gehört, an einen oder mehrere Mitberechtigte, bleibt für die Bemessung des Wertzuwachses der Anteil des Erwerbers außer Betracht[2]. Beim Eintritt des nächsten Steuerfalls ist der Wertzuwachs, der für den Anteil des Erwerbers seit dem letzten vor der Auseinandersetzung gelegenen steuerpflichtigen Rechtsvorgang entstanden ist, und der für die Anteile der früheren Mitberechtigten seit der Auseinandersetzung eingetretene Wertzuwachs gesondert zu versteuern[3].

(2) Die Berechnung erfolgt so, als ob die Beteiligten nach Bruchteilen berechtigt wären. Die Höhe der Bruchteile ist nach den Anteilen zu bestimmen, zu denen die Beteiligten an dem Vermögen zur gesamten Hand berechtigt sind oder nach Verhältnis dessen, was ihnen bei Auflösung der Gemeinschaft zufallen würde[2].

(3) Die vorstehenden Bestimmungen gelten sinngemäß, wenn eine Gemeinschaft zur gesamten Hand ein Grundstück von einem Mitberechtigten erwirbt.

(Ausführungsbestimmungen und Erläuterungen Ziff. 44 Seite 92.)

1. Nur bei **Gesamthandseigentum** (Gesellschaft des bürgerlichen Rechts, offene Handelsgesellschaft, Kommanditgesellschaft, Erbgemeinschaft, eheliche Gütergemeinschaft), nicht bei juristischer Person oder Eigentum zu Bruchteilen.

2. Bei Auflassung an **Gesamthandbeteiligte** wird derjenige Teil des Überlassungsentgelts, mit welchem Erwerber an Gesamthand beteiligt sind, nicht zur Steuer herangezogen. Es ist daher vorerst festzustellen, wie hoch der Anteil des Erwerbers und der übrigen Gesamthänder an dem Gesamthandsvermögen ist; dieser Anteil bleibt bei der Besteuerung steuerfrei. Wenn beispielsweise eine Gesellschaft aus vier gleichberechtigten Gesellschaftern A, B, C und D besteht und das Grundstück an D aufgelassen wird, ist $^1/_4$ des Überlassungspreises wertzuwachssteuerfrei. Für die restlichen $^3/_4$ ist steuerpflichtig die Gesamthandgemeinschaft.

Die vom RFH. (Bd. 17, 40) für § 15 Grunderwerbssteuerges. vertretene komplizierte Berechnungsart, nach welcher sich Steuerfreiheit nur für die Hälfte des Bruchteils des Erwerbers ergeben würde, erscheint innerlich nicht gerechtfertigt. Auch der Wortlaut des § 15 Grunderwerbssteuerges. nötigt keineswegs zu der Annahme, daß der Bruchteil des Erwerbers nicht in voller Höhe seines Anteils unberücksichtigt bleiben soll; die gesetzliche Anordnung, daß es so gehalten werden solle, als ob die Beteiligten nach Bruchteilen berechtigt wären, und daß die Höhe der Bruchteile sich nach den Anteilen der Berechtigten bestimme, ist schwerlich mit der von RFH. 17, 40 der Berechnung zugrunde gelegten Auffassung zu vereinbaren, daß jeder einzelne Teilhaber so behandelt werden solle, als ob er von seinem Recht einen Teil an den anderen abgegeben hätte (vgl. Lion zu § 13 Anm. 2, Hagelberg-Krämer Grunderwerbsteuerges. zu § 15 Anm. 5, Asch-Oppenheimer, Wertzuwachssteuer zu § 21 Anm. 3).

Noch schärfer aber als die Bestimmung des § 15 Grunderwerbssteuerges. bringt die Fassung des § 21 StO. durch die Anordnung, daß der Anteil der Erwerber außer Betracht zu bleiben habe, die wirtschaftliche und steuerrechtliche Irrelevanz der Umwandlung des Gesamteigentums in Bruchteilseigentum zum Ausdruck (s. auch Hagelberg-Krämer, Wertzuwachssteuerrecht zu § 14 Anm. 4 Mustersteuerordnung). Den obigen Standpunkt nehmen offenbar auch die Ausführungsbestimmungen Ziff. 44 ein.

§ 22.

Beim Tausch von Grundstücken ist die Steuer für jedes Grundstück gesondert zu berechnen.

Es müssen **zwei Grundstücke** miteinander **vertauscht** werden.

Mindestens ein Grundstück muß in Groß-Berlin liegen; dieses wird nach § 22 behandelt; außerhalb liegende Grundstücke nach dortiger StO.

Maßgebend ist als **Veräußerungspreis** der Wert dessen, was Steuerpflichtiger **im Austausch für sein Grundstück** erhält, regelmäßig also der Einheits- oder gemeine Wert des anderen Grundstückes (OVG. 69, 36). Wenn Hypothekenschulden übernommen werden, bilden sie einen Teil der Gegenleistung (OVG. 66, 25).

§ 23.

(1) Die Steuer beträgt:

1. . . . .

2. **10 v. H. des Wertzuwachses bei einer Wertsteigerung bis ausschließlich 20 v. H. des Erwerbspreises zuzüglich der Anrechnungen,**

12 v. H. bei einer Wertsteigerung von	20	bis ausschl.	30 v. H.,
14 „ „ „ „ „	30	„ „	40 „
16 „ „ „ „ „	40	„ „	50 „
18 „ „ „ „ „	50	„ „	60 „
20 „ „ „ „ „	60	„ „	70 „
22 „ „ „ „ „	70	„ „	80 „
24 „ „ „ „ „	80	„ „	90 „
26 „ „ „ „ „	90	„ „	100 „
28 „ „ „ „ „	100	„ „	110 „
30 „ „ „ „ „	110 v. H. und mehr.		

(2) Die nach Absatz 1 Nr. 2 sich ergebende Steuer erhöht sich bei einem für die Steuerberechnung maßgebenden Zeitraum:

bis zu 1 Jahr	um 100 v. H.	
„ „ 2 Jahren	„ 80 „	
„ „ 3 „	„ 60 „	
„ „ 4 „	„ 40 „	
„ „ 5 „	„ 20 „	

mit der Maßgabe, daß die Steuer 30 v. H. des Wertzuwachses nicht übersteigen darf.

(3) Der Steuersatz (Abs. 1) ermäßigt sich für das siebente und jedes vollendete weitere Jahr um je $1/_2$ v. H. § 14 Abs. 1 findet auf den für die Steuerberechnung maßgebenden Zeitraum entsprechende Anwendung[1].

(4) Handelt es sich um den Verkauf eines Wohnhauses oder einer Ansiedlungsstätte an Kriegsbeschädigte oder an Hinterbliebene von Kriegsteilnehmern, die auf Grund des Kapitalabfindungsgesetzes Grundstücke erwerben, so kann auf Antrag eine außerordentliche Ermäßigung der Steuer bis zu 50 v. H. gewährt werden, wenn der Veräußerungspreis mit Rücksicht auf die Person des Erwerbers wesentlich niedriger als sonst üblich festgesetzt ist. Die Entscheidung trifft die Steuerbehörde[2].

(5) Die sich nach Abs. 1—4 ergebende Steuer wird auf volle Reichsmark abgerundet[3], Steuerbeträge, die im ganzen unter 10 RM. bleiben, werden nicht erhoben.

(Ausführungsbestimmungen und Erläuterungen Ziff. 45—47 Seite 93—94.)

1. Die Unterscheidung zwischen Altbesitz — Inflationsbesitz — Neubesitz ist durch Novelle vom 10. Juni 1931 beseitigt.

Für **alle Steuerfälle** gilt jetzt **Staffelung** der Abs. 1—3 (vgl. Tabelle S. 129—130). Höchstsatz der Steuer 30%. Wenn jedoch Erwerber Steuer übernimmt (§ 20 Abs. 1) ergibt sich durch Hinzurechnung der Steuer zum vereinbarten Veräußerungspreis in Praxis Steuer von 39%.

Normalsatz zwischen vollendetem fünften bis Vollendung des siebenten Jahres der Besitzdauer; bei kürzerem Besitz Erhöhung, bei längerem Ermäßigung der Steuer.

Maßgebend ist der Zeitraum zwischen Erwerbs- und Veräußerungsgeschäft im Sinne des § 2 StO., jedoch auch im Fall des § 14 Abs. 3 der StO. (OVG. 16. 10. 31 — VII C 77. 31; vgl. Ausf-Best. Ziff. 32, 45).

2. Zu Unrecht meint Domke, daß in zahlreichen Fällen auch bei Veräußerung von Altbesitz die Wertzuwachssteuer dann in Betracht komme, wenn die früheren hypothekarischen Verbindlichkeiten noch bei der Veräußerung bestehen, weil die Differenz zwischen Friedenspreis und Veräußerungspreis des öfteren dadurch ausgeglichen werde, daß die übernommene Hypothek nur mit 25% in Anrechnung gebracht wird (Domke, Die Wertzuwachssteuer in der Praxis, S. 108 und derselbe, Die Berliner Wertzuwachssteuer-Ordnung zu § 23 Anm. 2). § 12 Abs. 1 StO. zieht jedoch ausdrücklich § 2 AufwGes. heran, wonach als Goldmarkbetrag für die Zeit vor dem 1. Januar 1918 der volle Nennbetrag gilt (ebenso Hagelberg-Krämer S. 110 Anm. 5). § 12 Abs. 2 StO. erklärt für die Berechnung des Goldmarkwertes den Umrechnungstag des übrigen Betrages für maßgebend und sieht nur weiter **zugunsten** des Steuerpflichtigen vor, daß bei der Berechnung des Erwerbspreises mindestens der gleiche Betrag einzustellen ist, wie er bei der Berechnung des Veräußerungspreises in Ansatz gebracht wird. Die für das Verhältnis zwischen Gläubiger und Schuldner im Aufwertungsgesetz vorgesehene Abwertung kann sich daher nur in dem Veräußerungspreise auswirken. Die nachträgliche Abwertung der Hypothekenlasten durch die Aufwertungsgesetzgebung berührt bei Veräußerung von Altbesitz die Höhe des Erwerbspreises im Sinne der Wertzuwachssteuer ebensowenig, wie nach der Rechtsprechung des OVG. die nachträgliche Aufwertung von Restkaufgeldern über 100% hinaus. Hat z. B. A. am 31. Dezember 1917 ein Grundstück zum Preise von 300 000,— M. gekauft, 280 000,— M. Hypotheken übernommen und 20 000,— M. bar gezahlt, und das Grundstück im Jahre 1930 unter Übernahme der Hypotheken im Aufwertungsbetrage von 70 000,— GM. gegen Zahlung von 30 000,— RM. bar weiter ver-

kauft, so ist eine Wertzuwachssteuer nicht zu entrichten, da der Erwerbspreis mit 300 000,— GM., der Veräußerungspreis aber mit 100 000,— M. anzusetzen ist.

3. Bewilligung von **Kapitalabfindungen an Kriegsbeschädigte oder Hinterbliebene von Kriegsteilnehmern** jetzt eingestellt. Steuervergünstigung dennoch zu gewähren, wenn Bescheinigung des zuständigen Hauptversorgungsamtes vorgelegt wird (s. bezüglich der ähnlich lautenden Bestimmungen bei der Grunderwerbssteuer und Fassung der Bescheinigung Erl. des RMdF. vom 17. Februar 1932 — S. 4503 — 30, III Reichssteuerblatt 1932, S. 255 u. AusfBest. Ziff. 46).

4. Unter Abrundung ist Abrundung nach unten zu verstehen (AusfBest. Ziff. 47).

§ 24.

(1) Steuerschuldner ist der Veräußerer und, falls ein solcher nicht vorhanden ist, der bisherige Eigentümer [1]. Mehrere Steuerpflichtige haften als Gesamtschuldner [2].

(2) Kann die Steuer von dem Veräußerer nicht beigetrieben werden [3], so haftet der Erwerber bis zum Höchstbetrage von 25 v. H. des Veräußerungspreises [4]. *Die Haftung des Erwerbers erlischt 2 Jahre nach der Eintragung der Eigentumsänderung im Grundbuch* [5]. **Diese Haftung besteht auch beim Erwerbe im Wege der Zwangsversteigerung, wenn die Zwangsversteigerung von den Beteiligten zum Zwecke der Steuerumgehung an Stelle einer freihändigen Veräußerung des Grundstücks herbeigeführt worden ist [6].**

(3) Hat der Erwerber die Zahlung der Wertzuwachssteuer vertraglich gegenüber dem Veräußerer übernommen, so ist die Steuerbehörde berechtigt, ihn neben dem Veräußerer (§ 421 BGB.) als Steuerschuldner für die volle Steuer in Anspruch zu nehmen [7].

(4) Ebenso ist die Steuerbehörde berechtigt, den Erwerber neben dem Veräußerer als Steuerschuldner für die volle Steuer in Anspruch zu nehmen, wenn der Tatbestand der §§ 3—5 der Ordnung erfüllt ist [8].

(5) Ist die Vornahme des steuerpflichtigen Rechtsvorganges unter Mitwirkung eines Bevollmächtigten oder durch die Tätigkeit eines Vermittlers mit der Maßgabe erfolgt, daß diesem der einen gewissen Betrag übersteigende Teil des Kaufpreises verbleibt, so

haftet für den auf den Mehrerlös entfallenden Teil der Steuer neben dem Veräußerer als Gesamtschuldner derjenige, dem der Mehrerlös zukommt [9], [10].

(Ausführungsbestimmungen und Erläuterungen Ziff. 48—54 Seite 95.)

1. **Veräußerer ist Steuerschuldner,** auch wenn Erwerber vertraglich die Steuer übernommen hat (s. Bemerkungen zu § 20 Abs. 1). Wenn Eigentümer Eigentum gemäß § 928 BGB. aufgegeben hat, ist er für nächstfolgenden Rechtsübergang in der Regel nicht Steuerschuldner, sondern nur, wenn in Eigentumsaufgabe Umgehungsgeschäft gemäß § 5 der StO. erblickt werden kann (s. AusfBest. Ziff. 2).

Bei **Zwangsversteigerung ist der Subhastat** in der Regel **Steuerschuldner;** wenn er sich jedoch schon vorher in weitgehendem Umfange der Verfügungsmacht über das Grundstück zugunsten eines Dritten entäußert hat, also ein Kettengeschäft vorliegt, ist der Dritte als Veräußerer zu veranlagen (OVG. VII C 85/30; VII C 57/30, JW. 32, 290, Anm. 4 zu § 3).

2. Gedacht ist an Gesamthandsverhältnisse insbesondere Erbengemeinschaft, offene Handelsgesellschaft (AusfBest. Ziff. 48 Abs. 2) nicht aber etwa an mehrere Veräußerer von ideellen Bruchteilen (AusfBest. Ziff. 48 Abs. 3).

3. Ob die Voraussetzung gegeben ist, entscheidet die Steuerbehörde nach pflichtgemäßem Ermessen. Diese braucht nicht alle Beitreibungsmöglichkeiten zu erschöpfen, insbesondere nicht langwierige Anfechtungsprozesse durchführen, oder unter allen Umständen das Offenbarungseidverfahren betreiben. Die Tatsache allein, daß Veräußerer Ausländer ist oder im Ausland wohnt, reicht aber nicht aus; die Behörde muß zunächst bei den zuständigen Finanzämtern Nachfrage halten (AusfBest. Ziff. 50 Abs. 6).

Eine Verwirkung des Haftungsanspruches kommt in Frage, wenn die Behörde durch Verzögerung oder durch ihr sonstiges Verhalten die Beitreibungsmöglichkeiten vereitelt hat (AusfBest. Ziff. 50 Abs. 7; vgl. Anm. 4 und AusfBest. Ziff. 51).

4. **Steuerhaftung des Erwerbers** subsidiär, ähnlich einem **Bürgen,** welcher auf Einrede der Vorausklage verzichtet hat (OVG. 82, 127; AusfBest. Ziff. 50, Abs. 1). Bei Kettengeschäften ist jedes Glied der Kette zugleich Erwerber und Veräußerer (Anm. 4 zu § 3). Haftung des Erwerbers beschränkt auf 25% des Erwerbspreises. 25% sind nach dem von den Parteien vereinbarten Preis zu berechnen, ohne Berücksichtigung der nach der StO. zulässigen Anrechnungen und Abzüge; Erwerber soll sich höchstmögliche In-

anspruchnahme selbst berechnen können (OVG. 82, 129; AusfBest. Ziff. 50, Abs. 2).

Heranziehung des Erwerbers über die rechtskräftige Entscheidung gegen den Veräußerer hinaus ist nur zulässig, wenn eine Nachveranlagung gegen den Veräußerer erfolgen kann (OVG. PrVWBl. 50, 105; AusfBest. Ziff. 50 Abs. 3). Rechtskräftige Entscheidung gegen Veräußerer braucht zur Inanspruchnahme des Erwerbers aber noch nicht vorzuliegen (AusfBest. Ziff. 50 Abs. 4).

Die beschleunigte Durchführung der Beitreibung gegen den Veräußerer ist der Behörde zur Pflicht gemacht. Diese hat tunlichst die Interessen des Erwerbers zu wahren und für rechtzeitige Benachrichtigung desselben Sorge zu tragen. Hierzu haben Steueramt und Steuerkasse zusammenzuwirken (AusfBest. Ziff. 51 Abs. 1—9).

Die Heranziehung des Erwerbers erfolgt in einem besonderen Verfahren, in welchem der Erwerber alle Einwendungen des Hauptschuldners geltend machen kann (AusfBest. Ziff. 51 Abs. 10).

Hat der Erwerber die Steuer nicht übernommen, so wird er gut daran tun, bei Zahlungen nach Veranlagung des Veräußerers stets zum Ausdruck zu bringen, daß er nicht für den Veräußerer, sondern a conto seiner eigenen Haftung zahle. Sonst läuft er Gefahr, daß die von ihm geleisteten Gesamtbeträge in Wirklichkeit über die Höchstgrenze von 25% hinausgehen (AusfBest. Ziff. 52 Abs. 2). Dies wird besonders dann vom Erwerber zu beachten sein, wenn mit Rücksicht auf die Haftung des Erwerbers — entsprechend der ausdrücklichen Anregung in AusfBest. Ziff. 52 Abs. 1 — ein Teil des Kaufpreises einbehalten oder bei einem Notar mit der Bestimmung hinterlegt wird, daß die Auszahlung erst bei Nachweis der Berichtigung der Steuer seitens des Veräußerers erfolgen darf.

5. Zeitliche Befristung der Haftung auf 2 Jahre eingeführt durch Novelle vom 10. Juni 1931, um Erwerber vor Inanspruchnahme nach langer Zeit zu schützen. Die Frist wird durch die behördliche Feststellung und Heranziehung des Erwerbers gewahrt; selbstredend braucht innerhalb der Frist nicht die Entscheidung rechtskräftig geworden, oder die Zahlung erfolgt sein (OVG. Jahrb. StR. X, 602).

6. **Haftung des Erwerbers** vorgesehen bei den sehr beliebten **„künstlichen" Zwangsversteigerungen.** Beweislast liegt Steuerbehörde ob; maßgebend ist die Sachlage des einzelnen Falles. So kann Steuerumgehung erblickt werden in übermäßig hoher Belastung, die den Wert des Grundstücks übersteigt, Übertragung sonstiger dinglicher Rechte kurz vor Versteigerung, Überlassung

der Mieteinziehung oder Erteilung einer Vollmacht an künftigen Ersteher vor Zwangsversteigerung. In derartigen Fällen Veranlagung nach Einheitswert (s. § 10 Anm. 2).

7. Erwerber und Veräußerer haften hier als Gesamtschuldner.

Es steht im freien Ermessen der Behörde, ob sie den Käufer oder den Verkäufer zunächst heranziehen will. Regelmäßig wird sie aber sich sofort an den Erwerber halten (AusfBest. Ziff. 53). Die gemäß § 6 Abs. 1 StO. befreiten öffentlichen Körperschaften können nur gemäß § 24 Abs. 2, nicht aber auch gemäß § 24 Abs. 3 zur Steuer herangezogen werden (AusfBest. Ziff. 54).

Der Käufer kann sich auch, wie jeder Dritte privatschriftlich der Steuerbehörde gegenüber verpflichten, für die Steuer aufzukommen; dann kann Steuerbehörde gegen ihn im ordentlichen Rechtsweg auf Zahlung klagen (RG. 123, 228). Etwaige hieraus entspringende Ansprüche auf Rückzahlung oder Freigabe einer Sicherheit können ebenfalls in ordentlichem Rechtswege geltend gemacht werden (RG. 129, 95).

8. Die Bestimmung soll durch Verschärfung der Haftung des Erwerbers Umgehungsgeschäften entgegentreten.

9. Haftung Dritter, wenn diesen ein Teil des Kaufpreises verbleibt, sei es auch in Gestalt einer das übliche Maß übersteigenden Provision. Dritter kann entweder auf Grund einer Vollmacht selbst nach außen hervorgetreten sein und Veräußerer vertreten, oder nur intern als Vermittler mitgewirkt haben.

Die Haftung für den auf Mehrerlös entfallenden Teil der Steuer ist gesamtschuldnerisch.

10. Über die Wertzuwachssteuer im Konkurs AusfBest. Ziff. 49.

§ 25.

(1) Bei Veräußerungen von unbebauten Grundstücken zum Zwecke der Bebauung[1] im Sinne des Abs. 3 oder von bebauten Grundstücken zum Zwecke des Abrisses und der Wiederbebauung[2] im Sinne des Abs. 3 wird die Steuer bezüglich desjenigen Teiles des Grundstücks, der nach Abs. 4 als zur Bebauung gehörig gilt, dem ersten Veräußerer bis auf den Betrag von 2 v. H. des Kaufpreises zunächst gestundet und dann bis auf diesen Betrag ermäßigt, wenn der erste oder ein späterer Erwerber innerhalb von zwei Jahren nach Eintritt der Steuerpflicht beim ersten Steuerfall die Gebäude errichtet hat und ihre *Rohbauabnahme* erfolgt ist. Die Stundung wird nur gewährt, wenn und soweit der über

2 v. H. des Kaufpreises hinausgehende Wertzuwachssteuerbetrag nach Bestimmung der Steuerbehörde sichergestellt wird[3].

(2) Die gleiche Ermäßigung tritt ein bei der erstmaligen Veräußerung von Grundstücken, die zum Zwecke der Bebauung im Sinne des Abs. 3 erworben sind und innerhalb von zwei Jahren vom Zeitpunkt der Ingebrauchnahme der Baulichkeiten an weiter veräußert werden hinsichtlich desjenigen Teiles der Grundstücke, der nach Abs. 4 als zur Bebauung gehörig gilt[4].

(3) Als Bebauung gilt nur die Errichtung von massiven Wohn- und gewerblichen Zwecken dienenden Häusern. Als Häuser gelten nicht Baulichkeiten von geringem Umfange oder vorübergehender Natur, die sich nicht als normale Ausnutzung der baulichen Ausnutzbarkeit des Grundstücks darstellen, insbesondere nicht Wohnlauben, Wochenendhäuser, Wohn- und Bürobaracken, Fabrikschuppen, Garagen u. a.

(4) Als zur Bebauung gehöriger Teil des Grundstücks gilt außer dem mit der Baulichkeit im Sinne des Abs. 3 besetzten Teil noch das Vierfache der bebauten Fläche, mindestens aber eine als Hof oder Hausgarten genutzte Fläche bis zu 2000 qm.

(Ausführungsbestimmungen und Erläuterungen Ziff. 55—66 Seite 100—110.)

Die Ausführungsbestimmungen zu diesem Paragraphen sind besonders erschöpfend, so daß sie alles Wesentliche enthalten.

1. Gesetzgeber wollte Steuererleichterung gewähren, um sowohl den Wohnungsbau zu fördern, als auch Arbeitsgelegenheit zu schaffen; aus letzterem Grunde nicht nur Erstellung von Wohnungen, sondern von Bauten jeder Art begünstigt. Wegen des Begriffs „Bebauung" s. Abs. 3 und AusfBest. Ziff. 57.

2. Begünstigt auch Veräußerung bebauter Grundstücke zum Zwecke des Abrisses und sofortiger Wiederbebauung. Wann Bebauungsabsicht als vorliegend angesehen werden kann, sagen AusfBest. Ziff. 56.

3. Steuer in Höhe von 2% des Veräußerungspreises muß sofort bei Eintritt der Steuerpflicht gezahlt werden. Rest wird gegen Sicherheitsleistung gestundet; über das Verfahren hierbei, die Antragsberechtigung und die Rechtsmittel s. AusfBest. Ziff. 64—66.

4. Ein erneuter Anspruch auf Steuerermäßigung besteht bei der erstmaligen Weiterveräußerung eines neu bebauten Grundstücks, wenn Veräußerung innerhalb von 2 Jahren nach Ingebrauchnahme erfolgt. Es können also zwei steuerlich begünstigte Rechts-

vorgänge aufeinander folgen. Wegen des Begriffs „Ingebrauchnahme" s. AusfBest. Ziff. 62. Dagegen ist Weiterveräußerung des Grundstücks im unbebauten Zustand nicht begünstigt.

§ 26.

(1) Die Steuer wird auf Antrag erlassen, erstattet oder ermäßigt [1]:

1. bei Nichtigkeit des Rechtsgeschäfts oder des den Eigentumserwerb begründenden Rechtsvorganges [2],

2. bei Aufhebung des Rechtsgeschäfts durch Parteivereinbarung oder infolge Ausübung eines vorbehaltenen Rücktrittsrechts [3],

3. bei Rückgängigmachung infolge Nichterfüllung der Vertragsbedingungen [4],

4. bei Preisminderung nach §§ 459 und 460 des Bürgerlichen Gesetzbuches, soweit sie eine Ermäßigung der Steuer zur Folge hat [5],

5. bei Rückkauf innerhalb zweier Jahre. Für die Berechnung der Frist gilt die Bestimmung des § 13 Abs. 1 Ziff. 3, Satz 2 und 3 [6],

6. bei Vorliegen einer Steuerumgehung im Sinne des § 5 der Ordnung, soweit die Steuer auf Grund der für unwirksam zu erachtenden Maßnahmen entrichtet ist, wenn die Entscheidung, die diese Maßnahmen als unwirksam behandelt, rechtskräftig geworden ist [6].

(2) Der Antrag muß innerhalb eines Jahres nach Eintritt des Ereignisses gestellt werden, auf welches der Erstattungsanspruch sich gründet [7].

(Ausführungsbestimmungen und Erläuterungen Ziff. 67 Seite 110.)

1. Es handelt sich **nicht** um **Billigkeits**maßnahmen, vielmehr besteht bei Vorliegen der gesetzlichen Voraussetzungen **Rechtsanspruch,** welcher im Wege des Verwaltungsstreitverfahrens verfolgt werden kann (OVG. 69, 46). Erlassen wird veranlagte, noch nicht gezahlte Steuer, erstattet gezahlte Steuer; Ermäßigung kommt nur für den Fall der Minderung (Abs. 1 Ziff. 4) in Frage.

2. Erforderlich ist **absolute Nichtigkeit,** so wegen Geschäftsunfähigkeit (§ 105 BGB.), Willensmängel (§§ 116, 118 BGB.), Verstoß gegen gute Sitten oder Wucher (§ 138 BGB.), erfolgter Anfechtung (§ 142 BGB.).

Behauptete Nichtigkeit ist von Steuerbehörde selbständig zu prüfen; wenn jedoch Parteien sie durch Vergleich anerkannt haben, muß Steuerbehörde dieses in der Regel gelten lassen (RVWBl. 50, 107).

Die Berufung auf die Nichtigkeit ist aber dann ausgeschlossen, wenn die Parteien, ungeachtet der Rechtslage, an dem tatsächlich durchgeführten Geschäft festhalten (OVG., Deutsches Steuerblatt 1932, 152).

Dafür, daß hier, wie in allen Fällen beide Rechtsvorgänge (ursprünglicher und Berichtigung oder Aufhebung) steuerfrei sind, s. AusfBest. Ziff. 67 Abs. 3.

3. Gleichgültig, aus welchem Grunde **Rechtsgeschäft aufgehoben** wird; es muß aber ein wirklicher Aufhebungsvertrag sein (s. AusfBest. Ziff. 67 Abs. 2). Hierunter fällt auch Wandlung (§§ 462, 467 BGB.), nicht aber Rückerwerb im Wege der Zwangsversteigerung (s. Hagelberg-Krämer § 18 Anm. 7 e).

4. **Rückgängigmachung** kann auf vertraglicher Vereinbarung oder gesetzlicher Grundlage, insbesondere § 326 BGB. beruhen.

5. Nur **Preisminderung** wegen eines Sachmangels berechtigt zu entsprechender Ermäßigung der Steuer, nicht aber wegen eines Rechtsmangels.

6. Unerheblich ist, aus welchen Gründen die Parteien den **Rückkauf** vereinbaren. Er muß aber zwischen den gleichen Parteien, oder deren Erben, wie das ursprüngliche Geschäft abgeschlossen werden; ein Dritter darf sich nicht dazwischen geschoben haben. Die Ansicht in AusfBest. Ziff. 67 Abs. 3, daß der Rückerwerbspreis, um Steuerfreiheit zu erlangen, nicht wesentlich über früheren Kaufpreis hinausgehen dürfe, erscheint nicht richtig. Durch die Möglichkeit der freien Bestimmung des Rückkaufspreises unterscheidet sich Rückkauf von Aufhebung des Rechtsgeschäfts (s. oben Ziff. 3).

Wie in Ziff. 67 Abs. 3 der AusfBest. besonders hervorgehoben, sind beide Rechtsgeschäfte steuerfrei.

7. Um Doppelbesteuerung zu vermeiden, soll **Umgehungsgeschäft frei** sein, wenn das umgangene Rechtsgeschäft rechtskräftig besteuert ist.

8. Antragsfrist ein Jahr; über Berechtigung zur Stellung des Antrages s. AusfBest. 67, Ziff. 4.

§ 27.

(1) Die Steuerschuldner und die zur Mithaft Verpflichteten sowie deren Bevollmächtigte und gesetzliche Vertreter haben innerhalb zweier Wochen nach dem Eintritt des die Steuerpflicht begründenden Ereignisses der Steuerbehörde hiervon sowie von allen sonstigen für die Festsetzung der Steuer in Betracht kommenden Verhältnissen schriftliche Mitteilung zu machen, auch die die Steuerpflicht betreffenden Urkunden vorzulegen [1].

(2) Auf Verlangen der Steuerbehörde sind die Steuerschuldner sowie deren Bevollmächtigte und gesetzliche Vertreter verpflichtet, über bestimmte, für die Veranlagung der Steuer erhebliche Tatsachen innerhalb einer ihnen zu bestimmenden Frist schriftlich oder zu Protokoll Auskunft zu erteilen, anderenfalls die Ermittlung und Veranlagung durch die Steuerbehörde selbständig vorgenommen werden [2].

(3) In den Fällen des § 1 Abs. 3 sind auch gesetzliche Vertreter und Bevollmächtigte der Personenvereinigungen zur Anzeige und zur Auskunftserteilung verpflichtet.

(Ausführungsbestimmungen und Erläuterungen Ziff. 68 u. 69 Seite 111—114.)

1. **Anzeigepflichtig** ist in erster Linie der steuerpflichtige Veräußerer; als Mithaftende sind daneben anzeigepflichtig der Erwerber bei vertraglicher Übernahme der Steuer (§ 24 Ziff. 1 der StO.) und gegebenenfalls der Bevollmächtigte und Vermittler (§ 24 Ziff. 5 der StO.). Bei Verletzung der Pflicht Bestrafung zulässig. Siehe § 32 und Anmerkungen dazu.

Bezüglich der gesetzlichen Bestimmungen über Anzeigepflicht der Notare s. AusfBest. Ziff. 67. Daß die Notare bei Verletzung dieser Verpflichtung der Steuerbehörde regreßpflichtig sind, wenn die Steuer erst verspätet eingezogen werden kann, und dadurch Zinsverlust entsteht, hat das RG. (Urteil vom 3. November 1931, JW. 32, 641) bestätigt. Gleiche Regreßpflicht besteht, wenn infolge unterlassener oder verspäteter Anzeige Steuer überhaupt nicht vom Steuerpflichtigen beitreibbar.

2. Vorschrift beruht auf § 63 KAG. Steuerbehörde kann vom Steuerpflichtigen Steuererklärung nach Formular oder Auskunft über bestimmte Tatsachen verlangen. Bei Unterlassung kann Strafe nach § 32 StO. in Verbindung mit § 82 KAG. festgesetzt werden.

Steuerbehörde kann aber auch, ohne Erklärung zu verlangen, sofort Veranlagung an Hand ihrer Akten vornehmen; in Berlin im allgemeinen üblich. Hierin liegt kein Mangel des Verfahrens (OVG. vom 23. September 1913, Amtl. Mitt. 1913, S. 273).

§ 28.

Die Steuerbehörde ist bei der Veranlagung der Steuer an die Angaben der Steuerpflichtigen nicht gebunden. Wird die erteilte Auskunft beanstandet, so sind den Steuerpflichtigen vor der Veranlagung die Gründe der Beanstandung mit dem Anheimstellen mitzuteilen, hierüber binnen einer angemessenen Frist eine weitere Erklärung abzugeben [1]. Findet eine Einigung mit dem Steuerpflichtigen nicht statt, so kann die Steuerbehörde die zu entrichtende Steuer nötigenfalls nach dem Gutachten Sachverständiger festsetzen [2].

(Ausführungsbestimmungen und Erläuterungen Ziff. 70 Seite 114.)

1. Wenn die Steuerbehörde gemäß § 27 Ziff. 2 StO. von dem Steuerpflichtigen Auskunft oder eine Erklärung verlangt hat, so darf sie nicht ohne weiteres unter Außerachtlassung der Erklärung Veranlagung vornehmen, muß vielmehr, wenn die Auskunft nicht ausreicht, den Steuerpflichtigen unter Fristsetzung auffordern, die Erklärung zu ergänzen. Dieses bezieht sich jedoch nur auf die tatsächlichen Angaben der Erklärung; in bezug auf ihre rechtliche Würdigung, so ob Beträge anrechenbar sind oder nicht, ist die Steuerbehörde frei. Im übrigen kann sich die Behörde zur Festsetzung der Steuer außer den in den Ausführungsbestimmungen genannten auch anderer Hilfsmittel bedienen (Einsicht des Grundbuchs und Handelsregisters, Heranziehung der Vorerwerbsakten und etwaiger Prozeßakten).

2. Die StO. sieht ausdrücklich die Zulässigkeit eines Steuervergleichs vor. Ein solcher kommt nur in Frage, wenn aus rechtlichen Gründen Höhe der Steuer zweifelhaft (so wenn fraglich, ob Beträge als Verbesserungen im Sinne des § 13 Ziff. 3 anrechenbar sind oder bei Zweifel über Erwerbspreis). Nicht darf aber eine rechtlich unstreitige Steuer im Vergleichswege ermäßigt werden. Hier kann nur Billigkeitserlaß (§ 33) helfen.

Gegebenenfalls kann sich die Steuerbehörde auch Sachverständiger, so zur Festsetzung des Werts eines Grundstücks, bedienen.

§ 29.

(1) Dem Steuerpflichtigen ist über die Veranlagung der Steuer ein schriftlicher Bescheid zuzustellen. Im Falle der Heranziehung der nach § 24 Abs. 2 und 5 Haftenden ist diesen eine besondere Veranlagung zuzustellen [1].

(2) Die Steuer ist innerhalb von 8 Tagen nach Bekanntgabe an die in dem Bescheide bezeichnete Kasse zu entrichten [2, 3].

(Ausführungsbestimmungen und Erläuterungen Ziff. 71—72 Seite 115.)

1. Mündliche Mitteilung der Steuer genügt nicht. Es muß **schriftlicher Bescheid** zugestellt werden. Dieser muß zum mindesten Person des Steuerpflichtigen, Betrag der Steuer, Steuerberechnung, Rechtsmittelbelehrung und Zahlungsaufforderung enthalten. Wegen der Zustellung s. AusfBest. Ziff. 71 Abs. 1, wegen der Heranziehung des Erwerbers als Zweithaftenden, AusfBest. Ziff. 51 Abs. 10. Diplomatischer Zustellung in das Ausland bedarf es nicht.

Steuerbehörde ist durch Steuerbescheid nicht gebunden; sie kann ihn nachträglich innerhalb der 3jährigen Frist des § 87 KAG. aufheben oder ändern (OVG. 62, 81; 73, 5).

2. **Steuer** ist **innerhalb von 8 Tagen** nach Zustellung **zahlbar:** bei Nichtzahlung erfolgt Beitreibung gemäß Verordnung über das Verwaltungszwangsverfahren vom 15. November 1899. Einlegung eines Rechtsmittels beseitigt Zahlungspflicht nicht (§ 75 KAG.); daher neben Rechtsmittel stets besonderes Stundungsgesuch, gegebenenfalls unter Angebot von Sicherheitsleistung, erforderlich, da ohne Sicherheit grundsätzlich nicht gestundet wird.

Bei nicht pünktlicher Zahlung der Steuer werden 12% Verzugszinsen erhoben, bei Stundung 5—8% Stundungszinsen.

3. Zu beachten ist die nach AusfBest. Ziff. 72 jetzt für den Eigentümer und mit seiner Vollmacht auch für den Kaufreflektanten bestehende Möglichkeit, sich bereits vor Abschluß des Kaufvertrages einen **verbindlichen Vorbescheid** über Höhe der Steuer erteilen zu lassen, wodurch ihm gleichzeitig Gelegenheit gegeben ist, betrachtkommendenfalls auch über die Ermäßigung der Steuer aus Billigkeitsgründen zu verhandeln. Hierdurch werden dem Steuerpflichtigen oft unangenehme Überraschungen erspart.

§ 30.

Die Vorschriften der §§ 83—94, 95 Abs. 1 und 3, 97 Abs. 1 und 3, 98—100, 109—118, 168, 169, 173, 177, 178—185, 188,

192, 204, 205 Abs. 1, 2 und 4, 207 Abs. 1 und 210 Abs. 1 und 2 der Reichsabgabenordnung sind sinngemäß anzuwenden mit der Maßgabe, daß an die Stelle des Reichs die Stadtgemeinde, an die Stelle des Finanzamts die Steuerbehörde und an die Stelle des Landesfinanzamts der Oberpräsident treten.

(Ausführungsbestimmungen und Erläuterungen Ziff. 73 Seite 115.)

Die Bestimmung dient der Vereinheitlichung des Steuerrechts; sie ersetzt die Anordnungen des KAG. durch entsprechende Vorschriften der Reichsabgabenordnung, trägt damit also den neuzeitlichen Rechtsgedanken in stärkerem Maße Rechnung.

In der Steuerordnung sind die betreffenden §§ der RAO. noch in der Fassung der RAO. vom 13. Dezember 1919 (RGBl. S. 1993) zitiert. Da die RAO. durch die Notverordnung vom 1. Dezember 1930 wesentlich geändert und ergänzt worden ist, ist sie mit neuer Paragraphierung am 22. Mai 1931 (RGBl. 1931, Teil I, S. 161) neu bekanntgemacht worden.

Die angezogenen Bestimmungen der RAO. sind als Anlage 3 auf Seite 131—142 abgedruckt und zwar sowohl mit der neuen wie mit der alten Paragraphierung.

§ 31.

Dem Steuerpflichtigen stehen gegen die Veranlagung die Rechtsmittel gemäß § 69 des Kommunalabgabengesetzes offen [1], [2], [3], [4], [5], [6].

(Ausführungsbestimmungen und Erläuterungen Ziff. 74 Seite 116.)

1. Das Rechtsmittelverfahren ist nach den Vorschriften des KAG. geregelt. Gegen die Veranlagung ist Einspruch, gegen Einspruchsbescheid Klage bei dem Bezirksausschuß, gegen Entscheidung des Bezirksausschusses Revision bei dem OVG. zulässig.

2. **Einspruchsfrist** beträgt 4 Wochen, nicht wie bei der Grunderwerbssteuer 1 Monat. Sie beginnt mit dem ersten Tag nach erfolgter Zustellung (AusfBest. Ziff. 74 Abs. 1). Die Frist ist gewahrt, wenn der Einspruch nachweislich am letzten Tage bis 12 Uhr, auch nach Schluß der Dienststunden in den Briefkasten der Behörde geworfen wird (OVG. PrVWBl. 19, 312).

Einspruch kann nur einlegen, wer einen Veranlagungsbescheid erhalten hat; auch wer irrtümlich veranlagt ist, muß Einspruch einlegen, da sonst Veranlagung gegen ihn Rechtskraft erlangt.

Bei Einlegung durch Vertreter muß dieser Vollmacht einreichen, sonst wird Einspruch als unzulässig verworfen (OVG. PrVWBl. 33, 790).

Der Einspruch muß unterschrieben sein. Telegraphische Einlegung ist zulässig (OVG. PrVWBl. 32, 401). Eine Verpflichtung der Behörde zur Annahme eines telephonischen oder mündlichen Einspruchs besteht nicht (OVG. 77, 11).

Der Einspruch muß erkennen lassen, ob er sich gegen die Veranlagung im ganzen richtet, oder in welchem Umfange er Ermäßigung der Steuer begehrt. Im Zweifelsfall ist anzunehmen, daß Einspruch sich gegen die ganze Veranlagung richtet (OVG. 62, 317). Eine Begründung des Einspruchs ist rechtlich nicht erforderlich, aber dringend zu empfehlen. Der Steuerpflichtige muß auch sämtliche Belege, wie Quittungen, auf Grund derer er Ermäßigung der Steuer begehrt, mit einreichen.

Bei Versäumung der Frist durch unabwendbaren Zufall kann die Steuerbehörde, aber nur diese, nicht der Bezirksausschuß, Wiedereinsetzung in den vorigen Stand gewähren.

3. Über **Einspruch beschließt** der Vorsitzende des Bezirksamtes oder ein von ihm bestelltes Mitglied. Einspruchsbescheid muß zugestellt werden; Zustellung kann an Bevollmächtigten oder an Steuerpflichtigen erfolgen (PrVWBl. 17, 396). Rechtsmittelbelehrung braucht er nicht zu enthalten (OVG. 68, 23); jedoch wird üblich eine solche beigefügt.

4. Gegen Einspruchsbescheid ist gemäß §§ 61—114 LVG. **Klage** bei dem Bezirksausschuß zulässig. Wegen der Frist zur Erhebung der Klage (2 Wochen nach Zustellung des Einspruchsbescheides) und des Verfahrens bei Erhebung s. AusfBest. Ziff. 74, Abs. 2.

Klage erst nach Erteilung des Einspruchsbescheides zulässig. Sie muß unterschrieben sein, ebenso alle weiteren Schriftsätze. Zur Wahrung der Klagefrist genügt jedoch auch unvollständige Klage; Anwalt kann Vollmacht nachreichen (OVG. 9, 84 und 41, 456).

Begründung der Klage durch § 63 LVG. vorgeschrieben. Antrag darf nicht über Antrag im Einspruchsverfahren hinausgehen.

Bei Versäumung der Frist durch Naturereignisse oder sonstige unabwendbare Zufälle Wiedereinsetzung in vorigen Stand nach § 112 LVG. zulässig.

5. Gegen Entscheidung des Bezirksausschusses **Revision** zulässig. Sie ist binnen zwei Wochen bei dem Bezirksausschuß einzulegen und zu begründen. In der Revisionsbegründung muß im einzelnen ausgeführt werden, welche gesetzlichen Bestimmungen materieller oder formeller Art verletzt sind.

6. Gegen rechtskräftig gewordenes Endurteil des OVG. ist nach § 100 LVG. die **Klage auf Wiederaufnahme** des Verfahrens gegeben, jedoch nur unter den Voraussetzungen, unter denen nach §§ 578 ff. ZPO. Nichtigkeits- bzw. Restitutionsklage zulässig ist.

§ 32.

Zuwiderhandlungen gegen die Bestimmungen dieser Steuerordnung werden mit einer Geldstrafe bis zu dem nach dem Kommunalabgabengesetz zulässigen Höchstmaß bestraft, sofern nicht nach den sonstigen Gesetzen eine höhere Geldstrafe oder eine Freiheitsstrafe verwirkt ist [1, 2].

(Ausführungsbestimmungen und Erläuterungen Ziff. 75 Seite 117—118.)

1. § 32 der StO. bezieht sich nicht auf vollendete oder versuchte Steuerhinterziehung, sondern auf **Verstöße gegen die Bestimmungen der StO.**, insbesondere die Anzeigepflicht des § 27.

Die Befugnis zur Verhängung von Strafen beruht auf § 82 KAG. Wegen der bei Erlaß eines Strafbescheides zu beachtenden Form und der zulässigen Rechtsmittel s. AusfBest. Ziff. 75 Abs. 1—3.

Das Höchstmaß der Strafe beträgt nach Art. VIII Abs. 1 der Verordnung über Vermögensstrafen und Bußen vom 6. Februar 1924 (RGBl. 1924, Teil I, S. 44) 150 RM. Einziehung rechtskräftiger Strafen erfolgt nach § 82 Abs. 2 KAG. im Wege des Verwaltungszwangsverfahrens gemäß Verordnung vom 15. November 1899 (PrGesS. S. 545).

Erlaß oder Ermäßigung rechtskräftiger Strafen kann nur durch den Oberbürgermeister erfolgen, jedoch soll ein derartiger Gnadenerweis nur eine Ausnahme bilden. S. AusfBest. Ziff. 75 Abs. 4 bis 6.

2. Bei versuchter oder vollendeter Steuerhinterziehung kommt Bestrafung nach § 79 KAG. in Frage. Strafrahmen nach Art. VIII der Verordnung über Vermögensstrafen und Bußen vom 6. Februar 1924 3—10 000 RM. Voraussetzung für eine derartige Bestrafung ist nach § 79 KAG. aber, daß der Steuerpflichtige auf von zuständiger Stelle an ihn gerichtete Fragen oder bei der Begründung eines Einspruchs unrichtige oder unvollständige Angaben macht. Über die sonstigen Vorschriften in derartigen Strafverfahren s. § 81 KAG.

§ 33.

Die Steuerbehörde wird ermächtigt, aus Billigkeitsgründen eine Herabsetzung der Steuer im Einzelfall vorzunehmen. Ebenso können bereits veranlagte Steuern auf Antrag durch die Steuerbehörde aus Billigkeitsgründen ganz oder teilweise erlassen oder niedergeschlagen werden [1, 2, 3].

(Ausführungsbestimmungen und Erläuterungen Ziff. 76—82 Seite 118—123.)

1. Es handelt sich um eine reine **Billigkeitsmaßnahme** der Steuerbehörde, welche nicht im Wege des Verwaltungsstreitverfahrens erzwungen werden kann (AusfBest. Ziff. 76, 1).

Im allgemeinen wird eine Herabsetzung der Steuer erst nach erfolgtem Eintritt des Steuerfalls gewährt; wegen der Möglichkeit, jedoch auch schon vorher eine Äußerung der Steuerbehörde einzuholen, s. AusfBest. Ziff. 72, 2. Nicht angängig ist es, die Entscheidung über Antrag auf Ermäßigung der Steuer aus Billigkeitsgründen bis zur Rechtskraft der Veranlagung auszusetzen oder von der Rücknahme von Rechtsmitteln abhängig zu machen. Es ist vielmehr, wie AusfBest. Ziff. 82, 2 sagen, gegebenenfalls auch schon während des Verlaufs des Verfahrens hierüber eine Erklärung abzugeben.

2. Veranlassung zur Ermäßigung oder Erlaß oder Erstattung der Steuer können sachliche oder persönliche Härten der Steuer geben. Die gesetzlich festgesetzte Höhe des Steuersatzes an sich ist noch kein Härtegrund.

Bezüglich des Begriffs **„sachliche Härte"** s. AusfBest. Ziff. 77 und 78 und die dort aufgeführten Fälle. Der in AusfBest. Ziff. 78, 2 erwähnte Fall bezüglich der Voraussetzungen der Steuerfreiheit nach § 7 Abs. 1 Ziff. 10 der StO. ist inzwischen durch die Bestimmungen der 4. Notverordnung überholt (s. Bemerkung 13 zu § 7).

Im übrigen treten bei der Fülle der Gestaltungsmöglichkeiten im Grundstückswesen immer wieder neue Fälle sachlicher Härte in die Erscheinung, deren Abhilfe dem billigen Ermessen der Veranlagungsbehörde überlassen ist.

3. **Persönliche Härte** liegt vor, wenn die Zahlung der vollen, nach den Bestimmungen der StO. berechneten Steuer aus persönlichen Gründen des Veräußerers nicht gefordert werden kann oder gar Existenzgefährdung vorliegt (AusfBest. Ziff. 79 u. 80). Die Verhältnisse des Erwerbers sind nur zu berücksichtigen, wenn er, ohne die Steuer vertraglich übernommen zu haben, auf Grund des Haftungsparagraphen (§ 24 Ziff. 2) herangezogen wird, grund-

sätzlich aber nicht bei vertraglicher Übernahme der Steuer. Als besondere Gründe persönlicher Härte kommen in Frage:

Verkauf aus besonderer Notlage des Zensiten oder von ihm zu unterhaltender Familienangehöriger, Fehlen anderweiter Vermögenswerte oder Einnahmequellen, so daß der Steuerpflichtige bei Zahlung der vollen Steuer der öffentlichen Wohlfahrt zur Last fallen würde, hohes Alter. Auf jeden Fall muß die behauptete Notlage der Steuerbehörde nachgewiesen werden; diese ist berechtigt, Unterlagen zu verlangen und auch von sich aus die erforderlichen Ermittlungen anzustellen (s. über die Frage der Anwendung des § 33 auch den Aufsatz von Obermagistratsrat Horstmeyer in „Mitteilungen der Industrie- und Handelskammer" 1931, S. 472ff. und den Aufsatz „Steuerbeitreibung und wirtschaftlicher Schrumpfungsprozeß" von Dr. Greve, „Deutsches Steuerblatt" 1932, S. 237 ff.).

Oft wird schon die Bewilligung von Teilzahlungen, insbesondere wenn auch der Kaufpreis in Raten gezahlt wird, geeignet sein, eine persönliche Härte auszugleichen, ohne daß ein Erlaß oder Ermäßigung der Steuer erforderlich wird.

§ 34.

Diese Steuerordnung tritt mit dem 1. April 1929 in Kraft [1, 2].

Berlin, den 28. März 1928.
10. Juni 1931.

Der Oberbürgermeister.

J. V.:

gez. Asch.

Die in dem vorstehenden Abdruck der Steuerordnung durch Schrägdruck wiedergegebenen Stellen sind durch den Nachtrag vom 10. Juni 1931 eingeführt worden und am 30. Juni 1931 in Kraft getreten.

(Ausführungsbestimmungen und Erläuterungen Ziff. 83 Seite 123—124.)

1. Die Steuerordnung hat Wirkung ab 1. April 1929; ihr unterliegen alle nach dem 31. März 1929 abgeschlossenen Rechtsgeschäfte.

Der Nachtrag vom 10. Juni 1931 ist mit dem 30. Juni 1931 in Kraft getreten. Soweit jedoch Tatbestände aus der Zeit vom 1. April 1929 bis 29. Juni 1931 erst nach letzterem Zeitpunkt besteuert werden, ist das für den Zensiten günstigere Recht anzuwenden (AusfBest. Ziff. 33, 2).

Die Gültigkeit der StO. ist durch Urteil des OVG. vom 17. Januar 1930 (JW. 1931, 390) bestätigt (vgl. auch Plenarbeschluß des OVG. vom 27. März/14. November 1931 Deutsches Steuerblatt 32, 314), nach welchem Steuerordnungen der Gemeinden keiner Veröffentlichung bedürfen.

2. Streitig war, ob Rechtsvorgänge, bei welchen die Steuerpflicht vor dem 1. April 1929, also noch unter Gültigkeit der alten Steuerordnung 11. April 1924 bis 27. Januar 1926 eingetreten war, noch nach dem 1. April 1929 besteuert werden durften. Der Bezirksausschuß Berlin hat dies in seinem Urteil vom 2. März 1931 — II Z. 16, 30 — bejaht und sich auf den Standpunkt gestellt, daß das für die Entstehung des Steueranspruchs maßgebende Recht trotz Ablaufs seiner Geltungsdauer noch anzuwenden sei, insbesondere wenn sich an das Außerkrafttreten der alten Steuerordnung unmittelbar eine neue anschließt, durch welche das Rechtsgeschäft in gleicher Weise besteuert würde.

Ausführungsbestimmungen und Erläuterungen zur Wertzuwachssteuerordnung

vom 28. März 1928
in der Fassung des Nachtrages vom 10. Juni 1931.

I. Allgemeine Bestimmungen.

(1) Für die Erhebung der Wertzuwachssteuer sind die Bezirksämter (Steuerämter) sachlich zuständig. Sie gelten als Steuerbehörde im Sinne der Wertzuwachssteuerordnung und dieser Ausführungsbestimmungen.

(2) Örtlich zuständig ist regelmäßig die Steuerbehörde, in deren Verwaltungsbezirk das Grundstück belegen ist, dessen Veräußerung die Steuerpflicht auslöst. Sonderregelungen im Einzelfalle sind zulässig.

(3) Umfaßt ein Veräußerungsgeschäft eine Reihe von Grundstücken des gleichen Eigentümers, die in verschiedenen Verwaltungsbezirken belegen sind, so können die Vorarbeiten zur Durchführung der Veranlagung von einer Steuerbehörde und zwar derjenigen, in deren Verwaltungsbezirk die Mehrzahl der veräußerten Grundstücke belegen ist, durchgeführt werden. Die Veranlagung selbst erfolgt gesondert von jeder nach der Belegenheit zuständigen Steuerbehörde. Kommt eine Einigung über die Zuständigkeit in derartigen Fällen nicht zustande, so entscheidet der Oberbürgermeister.

(4) Die örtliche Zuständigkeit bei der Übertragung von Rechten an Grundstücksgesellschaften sowie deren Dachgesellschaften ist durch besondere Dienstanweisung geregelt.

(5) Zur gleichmäßigen Durchführung der Wertzuwachssteuerordnung im Stadtgebiet besteht ein aus den Wertzuwachssteuerdezernenten mehrerer Bezirke zusammengesetzter Ausschuß, der nach Bedarf vom Oberbürgermeister einberufen wird. Seine Aufgabe ist insbesondere, ungleichmäßige Auslegungen der Steuerordnung zu klären und zu beseitigen.

II. Einzelbestimmungen.

Zu § 1.

1. Steuerpflichtige Rechtsvorgänge.

(1) Die Steuerordnung ist anzuwenden auf jeden nach dem 31. März 1929 eingetretenen, den Übergang des Eigentums an Grundstücken und Grundstücksteilen betreffenden Rechtsvorgang.

Dadurch unterscheidet sie sich wesentlich von der bis zum 31. März 1929 in Geltung gewesenen Ordnung vom 11. April 1924 mit den drei Nachträgen vom 26. Oktober 1924, 1. März 1925 und 16. Mai 1926, die nur die Grundstücksveräußerungen, bei denen der Erwerbsvorgang nach dem 31. Dezember 1918 eingetreten war (Inflationskäufe), für steuerpflichtig erklärte. Als Erwerb galt hierbei lediglich die nach bürgerlichem Recht durch Auflassung und Eintragung erfolgte Übertragung des Eigentums, der sog. rechtliche Eigentumsübergang[1]), so daß es für die Steuerpflicht vor allem auf die Tatsache des Eigentumserwerbs nach dem 31. Dezember 1918 ankam. Der Umstand, daß der Veräußerer bereits zuvor wirtschaftlich über das Grundstück verfügte, war ohne Bedeutung[2]). Anders bei den Ersatztatbeständen des § 2a der Steuerordnung[3]).

(2) Nach dem Willen des Gesetzgebers entsteht jetzt die Steuerpflicht, selbst wenn ein Eigentumserwerb im Sinne des bürgerlichen Rechts nicht voraufgegangen ist.

2. Eigentumsverzicht.

Bei Eigentumsverzichten ist zu prüfen, ob hierdurch nicht eine Steuerpflicht nach § 5 der Steuerordnung ausgelöst worden ist.

3. Grundstücksgesellschaften.

(1) Der Besteuerung unterliegt nur der Anteils- und Aktienübergang von sog. Grundstücks-Gesellschaften. Als Grundstücksgesellschaft ist dabei ohne Rücksicht auf das tatsächliche Geschäftsgebaren jede Personenvereinigung anzusehen, die nach ihrer Satzung die Nutzbarmachung des Mehrwerts, also den Erwerb, die Veräußerung, die Bebauung oder die Verwaltung eines oder mehrerer Grundstücke betreibt. Hierbei ist es für die Besteuerung gleichgültig, ob noch andere Vermögensgegenstände im Eigentum der Personenvereinigung stehen. Bei Abtretung von Gesellschaftsrechten beschränkt sich die Steuerpflicht auf denjenigen Wert, der dem aus den Grundstücken bestehenden Teil des Gesellschaftsvermögens entspricht.

(2) Bei Gesellschaften, die nur für ein einzelnes Grundstück gegründet worden sind, liegt eine Nutzbarmachung des Mehrwerts bereits in der Vermietung[4]). Eine solche ist auch darin zu erblicken, daß die Gesellschaft ihren Grundbesitz mit Hypotheken oder Grundschulden belastet, deren Gegenwert den Inhabern der Gesellschaftsrechte zufließt, sofern die Belastung nicht für wirtschaftliche Zwecke der Gesellschaft vorgenommen, sondern damit eine Nutzbarmachung des Grundstückswerts zugunsten der Inhaber der Gesellschaftsrechte erzielt worden ist.

(3) Als Grundstücksgesellschaften sind ferner Personenvereinigungen anzusehen, deren satzungsmäßiger Zweck zwar nicht auf die Verwertung von Grundstücken gerichtet ist oder nach deren Satzung

[1]) OVG. v. 24. 2. 28. — VII C 38/27.
[2]) OVG. v. 14. 2. 30. — VII C 59/29 — (Bd. 86 S. 152).
[3]) OVG. v. 9. 1. 31. — VII C 54/30.
[4]) OVG. v. 1. 5. 31. — VII C 178/30.

die Verwertung von Grundstücken sogar ausgeschlossen ist (Handels- oder Betriebsgesellschaften), deren tatsächliches Geschäftsgebaren aber in der Verwertung des Mehrwerts eines oder mehrerer Grundstücke besteht. Eine Ausdehnung auf alle Gesellschaften mit Grundbesitz (§ 3 des Grunderwerbssteuergesetzes) hat die Steuerordnung jedoch bewußt nicht vorgenommen.

(4) Auch Übertragungen von Gesellschaftsrechten von sog. Dachgesellschaften (Finanzierungsgesellschaften, Holdinggesellschaften), deren Untergesellschaften Grundstücksgesellschaften sind, sind auf der Grundlage des § 1 Abs. 3 zur Steuer heranzuziehen [5]).

(5) Steuerlich bilden die Übertragung der Gesellschaftsrechte und der Übergang des Grundstücks zwei voneinander völlig getrennte Rechtsvorgänge [6]).

Auch die gleichzeitige Übertragung z. B. sämtlicher Geschäftsanteile ändert an den Eigentumsverhältnissen des Grundstücks nichts. Die einzige Durchbrechung dieses Grundsatzes enthält § 7 Ziff. 10 der Steuerordnung.

(6) Bei börsenmäßig gehandelten Aktien von Grundstücksgesellschaften (z. B. von Terraingesellschaften) tritt der Erwerb der einzelnen Aktie regelmäßig nicht an Stelle des Erwerbs eines entsprechenden Grundstücksteils. Aus diesem Grunde und zur Vermeidung einer Störung des börsenmäßigen Handels ist hier eine Sonderregelung zugelassen. Hiernach ist nicht der Erwerb der einzelnen Aktie, sondern erst der eines größeren Aktienpakets (z. B. 25% des Grundkapitals) zu besteuern. Die Industrie- und Handelskammer zu Berlin wird hierbei vereinbarungsgemäß in gewissem Umfang als sachverständige Stelle tätig. Wird ein Übergang von Aktien einer Gesellschaft bekannt, von der angenommen wird, daß sie nicht nur Eigentümerin von Grundbesitz, sondern auch zu dessen Mobilisierung gegründet oder nachträglich hierzu umgewandelt worden ist, so sollen Anfragen an Personen oder Banken, die als Veräußerer, Erwerber oder Besitzer der Aktien aufgetreten sind, erst ergehen, nachdem die Handelskammer darüber gehört worden ist, ob es sich um eine Grundstücksgesellschaft handelt und ob ihre Aktien nicht etwa so stark verstreut sind, daß eine Besteuerung ohne einen unverhältnismäßig großen Arbeitsaufwand nicht durchführbar ist. Die Auskunft von der Industrie- und Handelskammer ist nicht nur bei der Veräußerung von Aktien der Gesellschaften, bei denen ungewiß ist, ob ihre Aktien börsenmäßig gehandelt werden, einzuholen, sondern in allen Zweifelsfällen. Das Recht der Steuerämter zum unmittelbaren Verkehr mit den steuerpflichtigen Banken usw. wird jedoch durch diese Regelung nicht beschränkt und ist insbesondere stets dann auszuüben, wenn von der Handelskammer nach pflichtmäßigem Ermessen keine ausreichende Aufklärung zu erhalten ist.

(7) Die Zuständigkeit der Bezirksämter in der Bearbeitung von Aktien- und Anteilsübertragungen von Grundstücksgesellschaften sowie von Dachgesellschaften ist besonders geregelt.

---

[5]) OVG. v. 5. 10. 28 — VII C 114/27 — (Bd. 83 S. 119).
[6]) OVG. v. 5. 5. 14. — Amtl. Mitt. 1914 S. 207.

Zu § 2.

4. Eintritt der Steuerpflicht.

(1) Maßgebend für den Eintritt der Steuerpflicht ist abgesehen von den im § 2 unter b bezeichneten Fällen der Abschluß des schuldrechtlichen Geschäfts. Dies gilt sowohl für den Erwerbs- wie auch für den Veräußerungsvorgang. Der Zeitpunkt des schuldrechtlichen Erwerbsvorgangs ist vor allem wichtig zur Feststellung des Erhebungssatzes der Steuer (§ 23) und zur Feststellung des für die Steuerberechnung maßgebenden Zeitraums (§ 13 Abs. 1 Ziff. 3). Soweit genehmigungspflichtige Rechtsgeschäfte abgeschlossen worden sind (z. B. Genehmigungen nach bürgerlichem Recht oder nach dem Preuß. Grundstücksverkehrsgesetz vom 10. Februar 1923 u. a.), ist zu beachten, daß diese Genehmigungen auf den Zeitpunkt des Vertragsabschlusses zurückwirken[7]).

(2) Die im § 2 unter Ziff. 1 bis 5 des Abs. a als steuerpflichtig bezeichneten Geschäfte stimmen mit den im § 5 Abs. 4 Grunderwerbssteuergesetz aufgeführten Geschäften überein.

(3) Entsprechend der Rechtsprechung zu § 5 Abs. 4 Ziff. 2 des Grunderwerbssteuergesetzes ist das Angebot als solches nicht steuerpflichtig. Es ist jedoch zu beachten, daß ein Angebot in Verbindung mit anderen Abreden insbesondere Auflassungsvormerkung, Auflassungsvollmacht, Nießbrauch, Überlassung der Mieten und in Verbindung mit weitgehenden Vollmachten steuerpflichtig gemäß § 3 oder § 5 der Steuerordnung sein kann.

Zu § 3.

5. Wirtschaftliches Eigentum.

(1) Die Steuerpflicht des wirtschaftlichen Eigentums ist eine gesetzliche Hilfsnorm, die nur zur Anwendung gelangt, wenn der zur Entscheidung stehende Tatbestand nicht schon einer anderen Vorschrift des Ortsgesetzes unterfällt[8]).

(2) So ist bei Kaufangeboten zu prüfen, ob der Wille der Vertragsteile dahin gegangen ist, wirtschaftliches Eigentum zu verschaffen. Dies ist z. B. anzunehmen bei Übertragung der Nutzungs- und Verwaltungsbefugnisse zusammen mit der Möglichkeit, die Rechte aus dem Angebot an Dritte abzutreten, einer relativ hohen Anzahlung, die u. U. als Reugeld verfällt und einer Auflassungsvormerkung. Auch in der Übernahme der Nutzungen und Lasten vom Tage des Angebots bei gleichzeitigem Beginn der für den Fall der Annahme des Angebots vorgesehenen Teilzahlungen auf den Kaufpreis ist ein steuerpflichtiger Rechtsvorgang zu erblicken[9]).

(3) Im übrigen gelten die zu § 6 des Grunderwerbsteuergesetzes ergangenen Entscheidungen des Reichsfinanzhofs hier sinngemäß.

(4) Wegen der Mitteilungspflicht bei Angeboten s. AusfBest. Ziff. 68 Abs. 10.

---

[7]) OVG. v. 7. 7. 29. — VII D 1/28.

[8]) OVG. v. 5. 10. 28. — VII C 114/27 — (Bd. 83 S. 119).

[9]) OVG. v. 1. 5. 31. — VII C 161/30.

Zu § 5.

6. **Steuerumgehung.**

(1) Mit dieser Vorschrift wird eine Rechtsnorm der Reichsabgabenordnung ausdrücklich auch für die Wertzuwachssteuer eingeführt, wenngleich auch bereits zuvor die Verwaltungsgerichte eine sinngemäße Anwendung dieser reichsrechtlichen Bestimmung auf dem Gebiete des Gemeindesteuerrechts für zulässig erachteten.

(2) Eine wertvolle Hilfe für die Aufhellung des nach § 5 zu erfassenden Tatbestandes wird, soweit es sich um Zwangsversteigerungen handelt, vielfach das Ermittlungsergebnis im Verfahren auf Grund von Anträgen nach § 14 des Grunderwerbsteuergesetzes sein. Zu beachten ist auch die zur Einkommensteuer ergangene Rechtsprechung des Reichsfinanzhofs[10]), wonach bei schwierigen Tatbeständen den Steuerbehörden nicht zugemutet werden kann, die Umgehung eindeutig nachzuweisen, sondern die Steuerpflichtigen die Verpflichtung haben, die Verhältnisse aufzuklären und das Nichtvorliegen einer Umgehungsabsicht glaubhaft zu machen. Andernfalls können die Steuerbehörden, wenn die Tatsachen, die von ihnen ermittelt werden konnten, mit einem hohen Grade von Wahrscheinlichkeit einen Rückschluß auf einen bestimmten steuerlichen Tatbestand gestatten, einen solchen Tatbestand als festgestellt ansehen. Die Steuerpflichtigen müssen, um einer Feststellung nach der Wahrscheinlichkeit zu entgehen, ihre Handlungsweise durch schlüssige, wirtschaftlich verständige Gründe aufklären.

Zu § 6 und 7.

7. **Steuerbefreiungen. Allgemeines.**

Es wird unterschieden zwischen der Freistellung von der Steuerpflicht nach § 6 bei den öffentlichen Körperschaften (Deutsches Reich, Preußischer Staat und Stadtgemeinde Berlin) und der Nichterhebung der Zuwachssteuer aus den Rechtsgründen des § 7. Diese Unterscheidung ist wesentlich im Falle der Weiterveräußerung (§ 14 Abs. 1). Hierbei ist auf den letzten steuerpflichtigen Rechtsvorgang nur dann zurückzugehen, wenn anläßlich des der Veräußerung unmittelbar voraufgegangenen Erwerbs die Zuwachssteuer aus den Gründen des § 7 *nicht erhoben* worden ist bzw. nicht erhoben worden wäre, wenn zur Zeit dieses Erwerbs die jetzige Ordnung gegolten hätte. Ist der Erwerbsvorgang nach § 6 der Steuerordnung dagegen *befreit* gewesen, so bildet er dennoch im Falle der Weiterveräußerung den steuerpflichtigen Erwerbsvorgang, da die öffentlichen Körperschaften des § 6 nur für ihre Person von der Steuer befreit sind. Nur in den Fällen des § 7 wird daher auch der vom Rechtsvorgänger erzielte Wertzuwachs bei der späteren Weiterveräußerung mitversteuert. (Vgl. AusfBest. Ziff. 15.)

8. **Körperschaften des öffentlichen Rechts.** (§ 6.)

(1) Die Befreiung des § 6 Abs. 1 gilt nur bei den aufgeführten Körperschaften des öffentlichen Rechts, nicht dagegen bei juristischen

[10]) RFH. v. 30. 1. 30 — I A 370/29 — (RStBl. 1930 S. 151 Nr. 221).

Personen des Privatrechts, selbst wenn sie sich wirtschaftlich im Besitz der Körperschaft des öffentlichen Rechts befinden.

(2) Nach dem Wortlaut der Steuerordnung tritt die Befreiung des § 6 nicht ein, wenn die befreiten Körperschaften als Erwerber infolge Zahlungsunfähigkeit des Veräußerers zur Haftung herangezogen werden. Ursprünglich war vorgesehen, daß diese Körperschaften auch dann nicht befreit sein sollten, wenn sie die Steuer als Erwerber vertraglich übernommen hatten. Durch die Maßgabe der Aufsichtsbehörde ist die Berechtigung zur unmittelbaren Heranziehung der öffentlichen Körperschaften bei vertraglicher Übernahme der Steuer als Steuerschuldner gemäß § 24 Abs. 3 versagt worden (s. auch Ziff. 54).

9. Veräußerungen innerhalb der Familie. (§ 7 Ziff. 4.)

(1) In Abweichung von der Rechtsprechung des Reichsfinanzhofs[11]) ist in dem Übergang eines Grundstücks von den Eltern auf die Kinder und umgekehrt im Wege der Zwangsversteigerung ein steuerpflichtiger Rechtsvorgang zu erblicken, der im Falle der späteren Weiterveräußerung als Erwerbsvorgang gilt[12]).

(2) Ebenso ist in Übereinstimmung mit den Vorschriften des Grunderwerbsteuergesetzes der Erwerb der Großeltern von den Enkeln steuerpflichtig.

(3) Die Befreiung des § 7 Ziff. 4 erstreckt sich nicht auf die Schwiegereltern.

10. Verschmelzungen von Kapitalgesellschaften. (§ 7 Ziff. 9.)

(1) Die für die Befreiung nach § 7 Ziff. 9 maßgebenden Bestimmungen des Steuermilderungsgesetzes lauten:

§ 8 des Steuermilderungsgesetzes.

(1) Bei Verschmelzungen von Kapitalgesellschaften im Sinne des § 12 des Kapitalverkehrsteuergesetzes und bei Sanierungen im Sinne des § 13 zu b, c des Kapitalverkehrsteuergesetzes wird die Gesellschaftsteuer auf 1 vom Hundert ermäßigt.

(2) Werden in den Fällen des Abs. 1 Grundstücke eingebracht, so ermäßigt sich die Grunderwerbsteuer auf $1^1/_2$ vom Hundert; die Zuschläge zur Grunderwerbssteuer und die Wertzuwachssteuer dürfen nicht erhoben werden. Die Vorschriften des Satzes 1 gelten auch bei Verschmelzungen von Kapitalgesellschaften, bei denen die aufnehmende Gesellschaft ihr Kapital nicht erhöht.

§ 9 des Steuermilderungsgesetzes.

Werden gleichartige oder wirtschaftlich zusammengehörige Betriebe mehrerer Unternehmungen zusammengefaßt, ohne daß die Voraussetzungen des § 8 vorliegen, so kann diese Vorschrift auf Antrag für anwendbar erklärt werden

[11]) RFH. Bd. 7 S. 258.
[12]) OVG. v. 21. 11. 30 — VII C 39/30 — (Bd. 87 S. 157).

1. auf Errichtung einer neuen Kapitalgesellschaft;
2. auf die Erhöhung des Gesellschaftskapitals einer Kapitalgesellschaft;
3. auf die Übernahme eines Betriebs durch eine Kapitalgesellschaft, wenn als Entgelt Gesellschaftsrechte der aufnehmenden Gesellschaft gewährt werden, diese Gesellschaft ihr Kapital aber nicht erhöht.

§ 10 des Steuermilderungsgesetzes.

(1) Gehen bei der Verschmelzung von Genossenschaften im Sinne des § 93a des Gesetzes, betreffend die Erwerbs- und Wirtschaftsgenossenschaften, Grundstücke einer an der Verschmelzung beteiligten Genossenschaft auf die aufnehmende Genossenschaft über, so ermäßigt sich die Grunderwerbsteuer auf $1^1/_2$ vom Hundert. Die Zuschläge zur Grunderwerbsteuer und die Wertzuwachssteuer dürfen nicht erhoben werden.

(2) Auf Antrag kann die Vorschrift des Abs. 1 für anwendbar erklärt werden, wenn der Betrieb einer Kapitalgesellschaft ganz oder teilweise von einer Genossenschaft übernommen wird und die vereinigten Betriebe gleichartig oder wirtschaftlich zusammengehörig sind.

---

(2) Kapitalgesellschaften im Sinne des Kapitalverkehrsteuergesetzes sind Aktiengesellschaften, Kommanditgesellschaften auf Aktien, Gesellschaften mit beschränkter Haftung, Kolonialgesellschaften, Reichsbank, bergrechtliche Gewerkschaften sowie andere juristische Personen — mit Ausnahme der Erwerbs- und Wirtschaftsgenossenschaften —, falls sie Erwerbszwecke verfolgen und die Mitglieder ihre Anteile am Vermögen der juristischen Person an Dritte übertragen können, sowie Personenvereinigungen, die Erwerbszwecke verfolgen, falls alle Mitglieder nur mit ihrem Anteil für die Schulden der Vereinigung haften und ihre Anteile an Dritte übertragen können.

(3) Wenn es nach § 8 des Steuermilderungsgesetzes auch des besonderen Hinweises auf die Freistellung von der Wertzuwachssteuer bei Fusionen in der Steuerordnung nicht bedurft hätte, ist im Interesse der Vollständigkeit bei den Steuerbefreiungen auch dieser Fall mit aufgeführt.

(4) Praktische Bedeutung hat § 7 Abs. 1 Ziff. 9 jetzt nur noch hinsichtlich der Erwerbsvorgänge, da das Steuermilderungsgesetz mit dem 30. September 1930 außer Kraft getreten ist und Verschmelzungen und Einbringungen nach diesem Zeitpunkt im Rahmen des § 18a des Finanzausgleichsgesetzes in der Fassung der Notverordnung vom 1. Dezember 1930 (s. AusfBest. Ziff. 11) befreit sind. Mithin ist, wenn ein Grundstück nach einer in der Zeit vom 1. September 1925 bis zum 30. September 1930 erfolgten Verschmelzung oder Zusammenlegung im Sinne des Steuermilderungsgesetzes weiterveräußert wird, die seinerzeit erfolgte Einbringung nicht als steuerpflichtiger Erwerbsvorgang anzusehen, sondern auf den ursprünglichen Erwerb des Grundstücks durch die Gesellschaft, die später mit einer anderen verschmolzen oder zusammengelegt worden ist, zurückzugehen.

(5) Ebenso haben als steuerfreie Erwerbsvorgänge die Verschmelzungen von Gesellschaften nach § 14 Abs. 2 letzter Satz des Körperschaftsteuergesetzes in der Bekanntmachung vom 2. Mai 1922 auszuscheiden. Die Erwähnung dieser Fälle in § 7 Abs. 1 Ziff. 9 ist allerdings unterblieben. Sie sollen aber ebenso bearbeitet werden wie die Fälle nach dem Steuermilderungsgesetz, d. h. die Verschmelzung ist nicht als steuerpflichtiger Erwerbsvorgang anzusehen, sondern der dieser vorausgegangene steuerpflichtige Erwerbsvorgang: denn reichsrechtliche Bestimmungen müssen auch dann zur Anwendung gelangen, wenn ein Ortsgesetz sie nicht ausdrücklich aufgenommen hat[13]).

(6) Der § 14 Abs. 2 des Körperschaftsteuergesetzes ist mit dem 15. April 1920 in Kraft und mit dem 31. August 1925 außer Kraft getreten. Er lautete:

„Die Vorschrift des Abs. 1 Satz 2 findet keine Anwendung, wenn das Vermögen einer Erwerbsgesellschaft als Ganzes mit oder ohne Auseinandersetzung auf eine inländische andere Erwerbsgesellschaft übertragen wird. In diesem Falle dürfen Länder und Gemeinden eine Wertzuwachssteuer nicht erheben."

(7) Noch weiter zurück als das Körperschaftsteuergesetz greift bei der Bestimmung steuerfreier Erwerbsvorgänge in zeitlicher Hinsicht der mit Wirkung vom 1. Oktober 1930 geltende § 14 Abs. 2 der Steuerordnung (s. AusfBest. Ziff. 39).

11. **Einbringung usw. von Grundstücken** (§ 7 Ziff. 9a).

Der mit Wirkung vom 1. Oktober 1930 an die Stelle des Steuermilderungsgesetzes getretene § 18a des Finanzausgleichsgesetzes in der Fassung der Notverordnung vom 1. Dezember 1930 ist zur weiteren Vervollständigung der Steuerordnung durch den Nachtrag vom 10. Juni 1931 in diese übernommen worden. Der § 18a Finanzausgleichsgesetz bringt gegenüber dem Steuermilderungsgesetz eine Erweiterung der Befreiungen, da die Befreiung nicht auf Grundstücksübertragungen anläßlich der Verschmelzung von Kapitalgesellschaften und der Zusammenlegung wirtschaftlicher Betriebe beschränkt bleibt, sondern allgemein bei jeder nach dem 30. September 1930 erfolgten Einbringung eines Grundstücks in eine Kapitalgesellschaft gegen Gewährung von Gesellschaftsrechten gewährt wird. Ausgenommen von der Befreiung sind allein die Grundstücksgesellschaften im Sinne des § 1 Abs. 3 (AusfBest. Ziff. 3).

12. **Auflösung von Grundstücksgesellschaften** (§ 7 Ziff. 10).

(1) Die Bestimmung des § 7 Ziff. 10 soll den Übergang von Grundeigentum aus der Hand der Grundstücksgesellschaften auf die Person oder Personen, die jeweils hinter der einzelnen Gesellschaft steht oder stehen, erleichtern.

(2) Bis zur Einführung des Nachtrages vom 10. Juni 1931 war Voraussetzung für die Anwendung dieser Befreiungsvorschrift,

---

[13]) OVG. v. 19. 12. 30 — VII C 154/30 — (Bd. 87 S. 179).

daß sich zuvor die Anteile in der Hand einer natürlichen Person vereinigt hatten. Da steuerlicherseits Interesse an einer möglichst weitgehenden Beseitigung der Grundstücksgesellschaften besteht, ist die Befreiungsvorschrift nunmehr auch auf den Fall der Vereinigung der Anteile in der Hand mehrerer Personen ausgedehnt worden. Durch den Fortfall des Wortes „natürliche“ soll zum Ausdruck gebracht werden, daß der Personenkreis nicht mehr beschränkt ist und auch juristische Personen auf diese Vergünstigung beim Vorliegen der übrigen Voraussetzungen Anspruch haben.

(3) Erste Voraussetzung für die Anwendung der Vergünstigung ist, daß es sich um Grundstücksgesellschaften im Sinne des § 1 Abs. 3 der Steuerordnung (s. AusfBest. Ziff. 3) handelt. Nur diese sollen nach der Absicht der städtischen Körperschaften begünstigt werden, da allein bei ihnen die Besteuerung der Übertragung des rechtlichen Eigentums am Grundstück auf den oder die Inhaber aller Gesellschaftsrechte unter Berücksichtigung der im Regelfall bereits erfolgten Besteuerung des Übergangs eben dieser Gesellschaftsrechte eine Härte bedeuten würde. Maßgeblich für die Entscheidung, ob es sich um eine Grundstücksgesellschaft handelt, sind Satzung oder tatsächliche Verhältnisse im Zeitpunkt der Übertragung des Grundstücks auf den oder die Inhaber der Gesellschaftsrechte.

(4) Wenn die Steuerordnung fordert, daß sich zuvor alle Gesellschaftsrechte in der Hand der erwerbenden Person oder Personen vereinigt haben müssen, so wird hierbei unterstellt, daß sie sich vorher in der Hand dritter Personen befunden haben. Voraussetzung für die Anwendung der Befreiung ist jedoch nicht, daß die voraufgegangene Vereinigung sämtlicher Anteile in der Hand einer oder mehrerer Personen zur Zuwachssteuer herangezogen worden ist.

(5) Um die Auflösung der Grundstücksgesellschaften zu fördern, ist die Vergünstigung auch zu gewähren, wenn der Mantel einer Gesellschaft dazu benutzt worden ist, um auf ihren Namen ein Grundstück zu erwerben, wenn also alle Gesellschaftsrechte schon vor dem Erwerb des Grundstücks in der Hand der Person oder Personen vereinigt waren, die das Grundstück nunmehr nicht mehr unter der Gesellschaftsfirma sondern im eigenen Namen besitzen wollen.

(6) Weitere Voraussetzung für die Anwendung von § 7 Ziff. 10 ist, daß nach Übertragung des juristischen Eigentums am Grundstück auf die Inhaber aller Gesellschaftsrechte die Gesellschaft als solche aufgelöst und die anderweite Verwendung des Gesellschaftsmantels damit verhindert wird. Erst wenn durch Vorlegung eines entsprechenden Auszuges aus dem Handelsregister dieser Nachweis geführt worden ist, ist die Steuerfreiheit auszusprechen.

(7) Endlich ist bei Mehrmanngesellschaften die Befreiung nur im Verhältnis der Beteiligung am Gesellschaftsvermögen zu gewähren. Erwirbt ein Gesellschafter, der zur Hälfte am Vermögen der Grundstücksgesellschaft beteiligt ist, drei Viertel des Bruchteilseigentums an dem Grundstück oder den Grundstücken der Gesellschaft, so unterliegt er hinsichtlich eines Viertels der vollen Besteuerung.

13. Auslands- usw. Deutsche (§ 7 Ziff. 11).

a) Allgemeines.

Die Zweckbestimmung, den verdrängten Deutschen die Wiederansetzung im Inlande durch Freistellung derartiger Grundstückserwerbungen von der Wertzuwachssteuer zu erleichtern, verbietet in Zweifelsfällen eine enge Gesetzesauslegung. Im einzelnen ist für die Gewährung der Vergünstigung folgendes vorausgesetzt:

b) Begriff des Verdrängten.

(1) Es muß sich um verdrängte Grenzlands-, Auslands- und Kolonial-Deutsche handeln, die durch die Verdrängung ihre wirtschaftliche Lebensgrundlage ganz oder zum überwiegenden Teil verloren haben.

(2) Als Verdrängte gelten nach einer Auskunft des Präsidenten des Reichsentschädigungsamts bei Kriegsschäden nur die Geschädigten aus den ehemaligen deutschen Gebieten in Polen und Frankreich. Alle übrigen Verdrängten gelten im Sinne des Reichsentschädigungsamts als Entwurzelte. Bei der Auslegung der Steuerordnung ist jedoch auch die letztere Gruppe zu den Verdrängten zu rechnen.

(3) Völliger oder überwiegender Verlust der früheren Wirtschaftsstellung wird bei der Verdrängung im allgemeinen stets anzunehmen sein, es sei denn, daß in den wirtschaftlichen Verhältnissen auch nach der Verdrängung keine wesentliche Änderung eingetreten ist. Dies ist beispielsweise der Fall bei Rentnern, die nach der Verdrängung ebenso wie vorher hauptsächlich von den Zinsen ihres Kapitals leben, oder bei Beamten, die nach wie vor von einer öffentlichen Körperschaft ihr Gehalt oder ihre Pension beziehen.

(4) Daß die Verdrängten Grundbesitz in den abgetretenen Gebieten vor der Verdrängung besessen haben, ist nicht Voraussetzung für die Freistellung.

(5) Als Nachweis für diese Voraussetzungen wird im allgemeinen die Vorlage des Bescheides des Reichsentschädigungsamts, durch den eine Entschädigung anerkannt wird, genügen.

c) Erstmalige Wiederansetzung.

(1) Erstmalige Wiederansetzung ist stets als vorliegend anzusehen, wenn der Verdrängte beim jetzigen Grundstückskauf erstmalig nach seiner Verdrängung Grundbesitz im Inland erwirbt. Unberücksichtigt soll dabei bleiben, ob der erstmalige Grunderwerb sofort nach der Verdrängung erfolgt ist oder ob der Verdrängte zunächst versucht hat, sich auf andere Weise — ohne den Erwerb von Grundbesitz im Inland — eine neue Existenz zu schaffen.

(2) Weitere Erhebungen darüber, ob der Auslands- usw. Deutsche inzwischen in anderer Weise eine Existenz begründet hat, verbieten sich schon aus dem Willen des Gesetzgebers, der dem Auslands- usw. Deutschen noch jetzt — mehr als ein Jahrzehnt nach Friedensschluß und Abtretung der Gebiete — die Möglichkeit der Freistellung beim Grundstückskauf gegeben hat, obwohl in der

Zwischenzeit zweifellos jeder Auslands- usw. Deutsche in irgendeiner Weise die Existenzbegründung versucht hat.

(3) Von einer Wiederansetzung kann dann nicht gesprochen werden, wenn der Erwerber durch den Grundstückskauf eine gänzliche Veränderung seiner früheren wirtschaftlichen Verhältnisse — vornehmlich im Hinblick auf seine soziale Einstufung — herbeiführt. So kann eine Wiederherstellung der verlorenen Wirtschaftsgrundlage nicht anerkannt sondern muß vielmehr eine gänzliche Veränderung der früheren wirtschaftlichen Verhältnisse behauptet werden, wenn z. B. ein Auslands-Deutscher, der im Ausland eine kleine Gastwirtschaft besessen hat, nach seiner Verdrängung im Inlande mit Hilfe fremden Kapitals ein großes Hotelunternehmen für einen Preis erwirbt, der ein vielfaches seiner Entschädigung beträgt.

(4) Der Nachweis der erstmaligen Wiederansetzung wird im allgemeinen durch Beibringung einer Bescheinigung des zuständigen Finanzamts, daß zum Vermögen des erwerbenden Auslands- usw. Deutschen kein Grundbesitz gehört und seit der Verdrängung gehört hat, zu führen sein oder durch Abgabe einer Versicherung vor dem zuständigen Bezirkssteueramt, daß der Antragsteller seit der Verdrängung keinen Grundbesitz im Inlande erworben hat.

d) Senkung des Erwerbspreises.

(1) Es muß nachgewiesen werden, daß der Veräußerer den Veräußerungspreis im Hinblick auf die Nichterhebung der Wertzuwachssteuer entsprechend gesenkt hat.

(2) Bei Prüfung dieses Nachweises wird im allgemeinen von dem nach der Marktlage sich ergebenden Preis des Grundstücks auszugehen sein. Die Voraussetzung der Preissenkung wird als erfüllt zu gelten haben, wenn der Veräußerer für den Fall der Freistellung von der Steuer einen um den Zuwachssteuerbetrag gesenkten Veräußerungspreis fordert. (Beispiel: Normaler Veräußerungspreis nach Lage des Grundstücksmarkts 120 000 RM.; Zuwachssteuer davon 20 000 RM.; Preissenkung bei Veräußerung an Verdrängten 20 000 RM.; gesenkter Veräußerungspreis 100 000 RM.; — Zuwachssteuer war vom Veräußerer zu tragen.)

(3) Vielfach wird der Veräußerer beim Verkauf an Verdrängte die Übernahme der Steuer durch diese schon deshalb fordern, weil die Frage der Gewährung der Steuerfreiheit zum mindesten bis zum Zeitpunkt der endgültigen Entscheidung ungewiß ist. In diesen Fällen wäre die geforderte Preissenkung als vorliegend anzuerkennen, wenn der Veräußerer beim Verkauf außer der Übernahme der Wertzuwachssteuer einen um die Steuer gesenkten Veräußerungspreis fordert und nicht etwa den normalen Veräußerungspreis und außerdem noch die Übernahme der Zuwachssteuer (Beispiel: Normaler Kaufpreis 120 000 RM.; Zuwachssteuer bei Tragung durch Veräußerer 20 000 RM.; gesenkter Veräußerungspreis 100 000 RM. Senkung ist anzuerkennen, wenn der Veräußerer neben Übernahme der Steuer 100 000 RM. als Kaufpreis fordert).

(4) Sofern der Veräußerer vom Verdrängten eine Gewährleistung dafür verlangt, daß Wertzuwachssteuer nicht zur Erhebung

gelangt, dient hierzu eine vom Steueramt zu erteilende Bescheinigung etwa folgenden Inhalts:

„Im Falle des Übergangs des Grundstücks .... von dem jetzigen Eigentümer .... auf .... werden wir die Bestimmung des § 7 Ziff. 11 der städtischen Wertzuwachssteuerordnung vom 28. März 1928 in der Fassung des Nachtrags vom 10. Juni 1931 zur Anwendung bringen, wenn der Veräußerungsvertrag entsprechend dem der Steuerstelle übergebenen Vertragsentwurf oder entsprechend den mitgeteilten Vereinbarungen getätigt wird und in dem über die Veräußerung des Grundstücks abzuschließenden notariellen Vertrage folgendes zum Ausdruck gebracht wird:

(Bei Übernahme der Steuer durch Veräußerer):

Der Kaufpreis beträgt (100 000) RM. unter der Voraussetzung, daß die Zuwachssteuer gemäß § 7 Ziff. 11 der städtischen Wertzuwachssteuerordnung vom 28. März 1928 in der Fassung des Nachtrags vom 10. Juni 1931 nicht zur Erhebung gelangt. Sollte wider Erwarten eine Zuwachssteuer erhoben werden, so trägt sie der Veräußerer; der Kaufpreis erhöht sich für diesen Fall um (20 000) RM. auf insgesamt (120 000) RM. Ein Anspruch auf Anwendung der Bestimmung des § 7 Ziff. 11 der Verordnung besteht nicht, wenn der endgültige Vertrag von dem der Steuerstelle übergebenen Vertragsentwurf oder mitgeteilten Vereinbarungen abweicht.

(Bei Übernahme der Steuer durch Erwerber):

Der Kaufpreis beträgt (100 000) RM. unter der Voraussetzung, daß die Zuwachssteuer gemäß § 7 Ziff. 11 der städtischen Wertzuwachssteuerordnung vom 28. März 1928 in der Fassung des Nachtrags vom 10. Juni 1931 nicht zur Erhebung gelangt. Sollte wider Erwarten eine Zuwachssteuer erhoben werden, so trägt sie der Erwerber."

(5) Ehegatten gelten im Sinne dieser Bestimmung als eine Person, selbst wenn sie in Gütertrennung leben. Die Befreiungsvorschriften können also nur beim Erwerb des ersten Grundstücks ohne Rücksicht darauf, welcher der beiden Ehegatten Erwerber ist, Anwendung finden.

14. **Siedlung** (§ 7 Ziff. 12).

(1) Die Befreiung der Personenvereinigungen von der Zuwachssteuer im Falle der Schaffung gesunder Kleinwohnungen für Minderbemittelte soll nur für den erstmaligen Verkauf eintreten. Unter „erstmalig" ist in diesem Zusammenhange der für die **Personenvereinigung**, nicht für das Grundstück erstmalige Verkauf zu verstehen. Dies gilt jedoch nicht für die Körperschaften des öffentlichen Rechts.

(2) Entsprechend der Ansicht des Oberverwaltungsgerichts[14]) ist die erneute Veräußerung eines Grundstücks durch die Siedlungsgesellschaft auf Grund eines vorbehaltenen Wiederkaufsrechts nicht als „erstmalige" anzusehen. Im übrigen sind sinngemäß die zu § 8 Abs. 1 Ziff. 9 Grunderwerbssteuergesetzes ergangenen Bestim-

[14]) OVG. v. 8. 2. 29. — VII C 127/28.

mungen und höchstgerichtlichen Entscheidungen hinsichtlich des Begriffs der Schaffung gesunder Kleinwohnungen für Minderbemittelte und der gemeinnützigen Personenvereinigungen anzuwenden (siehe insbesondere den Erlaß des Reichsfinanzministers vom 26. Februar 1921 über den Begriff der Kleinwohnungen und Verordnung über Befreiung von der Grunderwerbssteuer beim Erwerb von Eigenheimen durch Minderbemittelte vom 2. Juli 1923). Als Kleinwohnungen gelten hiernach Wohnungen mit einer nutzbaren Wohnfläche von höchstens 90 qm und, soweit es sich um Eckwohnungen handelt, 100 qm. Eine allgemeine Erhöhung dieser Flächengrößen, wie sie eine frühere Verwaltungspraxis zuließ, kann nicht mehr zugestanden werden. Wohnungen mit einer nutzbaren Wohnfläche von mehr als 90 bzw. 100 qm sind vielmehr nur dann als Kleinwohnungen anzusehen, wenn die Flächenüberschreitung durch besondere örtliche Verhältnisse oder durch eine wirtschaftlich notwendige Grundrißgestaltung bedingt ist. Als nutzbare Wohnfläche sind anzusehen Wohn- und Schlafräume und Küche. Die Nebenräume, die bei der Ermittlung der Wohnfläche nicht mitzurechnen sind, sollen in den ortsüblichen Grenzen bleiben. Als ortsübliche Nebenräume sind anzusehen: Treppe, Flur, Diele, Balkon, Veranda, Loggia, Bad, Speisekammer, Besenkammer, Mädchenkammer, Keller- und Bodenräume. Es bestehen jedoch keine Bedenken, im Einzelfall und aus besonderen Gründen darüber hinaus Räumlichkeiten als Nebenräume anzuerkennen, da nur eine nicht zu engherzige Auslegung des Begriffs der Nebenräume dem Zweckgedanken der Befreiungsvorschrift entspricht.

15. Härtefälle (§ 7 Ziff. 9—12).

Der Umstand, daß bei den Tatbeständen des § 7 Abs. 1 der Steuerordnung bei einer Weiterveräußerung des Grundstücks auf den letzten steuerpflichtigen Erwerbsvorgang zurückzugehen ist (vgl. Ziff. 7 der AusfBest.), kann in den Fällen der Ziffern 9—12 des Gesetzes zu Härten führen, da der vom Rechtsvorgänger erzielte Wertzuwachs mitversteuert werden muß, ohne daß der spätere Veräußerer aus diesem Wertzuwachs auch nur mittelbaren Nutzen gezogen hätte. Diese Erwägung rechtfertigt es, in diesem Falle auf der Grundlage des § 33 der Steuerordnung eine Milderung eintreten zu lassen, sofern die sonstigen Voraussetzungen hierfür gegeben sind (vgl. Ausführungsbestimmungen Ziffer 78).

Zu § 8.

16. Preisbestimmung. Allgemeines.

(1) Ständiger Rechtsprechung des Oberverwaltungsgerichts folgend ist unter Wertzuwachs nicht ein durch Erwerb, Besitz und Veräußerung eines Grundstücks erzielter Vermögenszuwachs, sondern nur der nach den Vorschriften der Steuerordnung zu berechnende Unterschied zwischen dem vereinbarten Erwerbs- und dem Veräußerungspreis zu verstehen. (Objektiver Wertzuwachs.)

(2) Als Preis ist das zwischen Veräußerer und Erwerber vereinbarte Entgelt für die Überlassung des Eigentums am Grundstück anzusehen, also die Gesamtheit derjenigen vermögenswerten

Leistungen, die nach dem Willen der Beteiligten dazu bestimmt sind, die Vermögensminderung auszugleichen, die der Veräußerer durch die Übertragung seines Sacheigentums auf den Erwerber erleidet [15]).

(3) Werden in Anrechnung auf den Erwerbspreis Hypotheken übernommen, so ist dies eine Abmachung, die eine besondere Regelung der Erfüllung betrifft, eine Zahlungsmodalität, die für die Tatsache der vertraglichen Bemessung des Preises in bestimmter Höhe bedeutungslos ist und auch nicht als Nebenleistung, die die Preishöhe beeinflußt, in Betracht kommt [16]). Wegen der Sonderstellung der Hypotheken bei Umrechnung des Erwerbspreises auf Goldmark siehe § 12 Abs. 2 der StO.

17. Nachträgliche Preisänderungen.

(1) Preisänderungen, die nach dem rechtswirksamen Abschluß des Kaufvertrages zwischen den Beteiligten vereinbart werden, bleiben für die Steuerberechnung — sowohl beim Erwerbs- wie beim Veräußerungspreis — grundsätzlich außer Betracht [17]). Eine Preisminderung ist nur im Rahmen des § 26 Abs. 1 Ziff. 4 der Steuerordnung beachtlich.

(2) Unberührt bleibt eine anderweite Steuerfestsetzung bei rechtlich unwirksamen Verträgen — namentlich bei sog. Schwarzverträgen —, soweit es sich hier um die Erhöhung des für die Grundstücksüberlassung vereinbarten Entgelts handelt [18]).

18. Übernommene Wertzuwachssteuer.

(1) Zum Preis rechnet bei der jetzigen Veräußerung wie auch bei der späteren Weiterveräußerung die vom Erwerber vertraglich übernommene und gezahlte Wertzuwachssteuer [19]), nicht dagegen die Grunderwerbsteuer. Diese kann vielmehr lediglich bei den Erwerbs- bzw. Veräußerungskosten Berücksichtigung finden [20]).

(2) Hinsichtlich der Wertzuwachssteuer ist dies im § 20 Abs. 1 der Steuerordnung noch besonders zum Ausdruck gebracht. Die Anrechnung der Wertzuwachssteuer im Rechtswege ist jedoch beschränkt auf den Fall der vertraglichen Übernahme und Zahlung durch den Erwerber; dagegen rechnet nicht zum Veräußerungspreis und dementsprechend auch nicht zum späteren Erwerbspreis die auf Grund der gesetzlichen Haftung (§ 24 Abs. 2) vom Erwerber als Zweitschuldner getragene Wertzuwachssteuer, da als Preis nur dasjenige in Frage kommt, was auf Grund der Parteivereinbarung für die Übereignung des Grundstücks zu leisten ist, aber keineswegs alles, was sonst aus Anlaß der Veräußerung aufzuwenden ist [21]).

---

[15]) OVG. v. 31. 5. 29 — VII C 170/28 — und v. 2. 10. 31 — VII C 25/31 —.

[16]) OVG. v. 18. 12. 25 — VII C 56/25 — (Bd. 80 S. 81 ff.).

[17]) OVG. v. 31. 10. 30 — VII C 229/29 — (Bd. 87 S. 148).

[18]) OVG. v. 1. 6. 28 — VII C 151/27.

[19]) OVG. v. 15. 2. 25 (Bd. 78 S. 103) u. OVG. v. 8. 11. 29 — VII C 28/29 — (Bd. 85 S. 209).

[20]) OVG. v. 10. 4. 23 (Bd. 78 S. 13).

[21]) OVG. v. 31. 5. 29 — VII C 170/28.

Eine Härte liegt hierin nicht, da der Grundstückserwerber stets die Möglichkeit hat, sich bei Abschluß des Kaufvertrages gegen eine Inanspruchnahme für die Zuwachssteuer zu sichern, indem er einen entsprechenden Teil des Kaufpreises zurückbehält oder beim Notar hinterlegt und zwar so lange, bis der Veräußerer die Zahlung der Steuer nachweist. Daher ist auch eine Berücksichtigung der vom Erwerber auf Grund der Haftbestimmung gezahlten Wertzuwachssteuer aus Billigkeitsgründen grundsätzlich nicht zu gewähren, es sei denn, daß eine Sicherung gegen die Inanspruchnahme aus der Haftung für den Erwerber nicht möglich war (weil z. B. keine Barzahlung geleistet wurde, die einbehalten werden konnte) und die wirtschaftlichen Verhältnisse ein Entgegenkommen angebracht erscheinen lassen (s. AusfBest. Ziff. 79).

19. Sondervereinbarungen.

(1) Teil des Preises sind auch Beträge, die der Erwerber für Leistungen zu zahlen hat, die mit dem Grundstückskauf derart in innerem Zusammenhang stehen, daß ohne sie der Kauf nicht getätigt worden wäre. Hierzu rechnet insbesondere eine Entschädigung für Aufgabe eines vom Erwerber nicht übernommenen Geschäftsbetriebs[22]). Dagegen ist bei Vergütungen für die Übernahme eines vom Erwerber weiter betriebenen Geschäfts zu prüfen, ob und inwieweit durch den mit dem Grundbesitz verbundenen Geschäftsbetrieb eine Werterhöhung des Grundstücks eingetreten ist. Trifft dies zu, so ist bei der Bemessung des für die Steuerberechnung maßgebenden Veräußerungspreises ein für die Rechte und Leistungen vereinbarter Preis, sei es ganz oder zum Teil, als ein Entgelt für die festgestellte werterhöhende Eigenschaft des Grundstücks dem Veräußerungspreis hinzuzurechnen[23]).

(2) Sonderleistungen, die mit dem Grundstückskauf nicht in unmittelbarer Verbindung stehen, sind jedoch dem Kaufpreis hinzuzurechnen, wenn durch sie eine Verschleierung des tatsächlich für das Grundstück vereinbarten Kaufpreises beabsichtigt ist.

20. Berücksichtigung der Aufwertungsgesetzgebung.

(1) Der durch die Aufwertungsgesetzgebung geschaffenen Sachlage, nach der unter gewissen Voraussetzungen bereits gelöschte Hypotheken wieder aufleben und dadurch im Fall der inzwischen erfolgten Weiterveräußerung eines Grundstücks zum mindesten der wirtschaftliche Wertzuwachs erheblich vermindert wird, tragen besondere, unterm 7. Mai 1927 von der Finanz- und Steuerdeputation aufgestellte Grundsätze über die Berücksichtigung bereits gelöschter, auf Grund des Aufwertungsgesetzes aber wieder auflebender Hypotheken bei der Zuwachssteuerberechnung Rechnung. Die Grundsätze haben folgenden Wortlaut:

---

[22]) OVG. Bd. 74 S. 16.
[23]) OVG. v. 12. 10. 28 — VII C 128/27.

Grundsätze
für die Berücksichtigung bereits gelöschter, auf Grund des Aufwertungsgesetzes aber wieder auflebender Hypotheken bei der Zuwachssteuerberechnung.

I.

Die Hypothek war gelöscht, das Grundstück wurde ohne die Belastung veräußert, die Hypothek gelangt nach dem Aufwertungsgesetz auf das Betreiben des Gläubigers zur Wiedereintragung:

1. Der Veräußerer (Schuldner) zahlt auf Betreiben des Erwerbers den Aufwertungsbetrag, und die aufgewertete Hypothek wird wiederum gelöscht:
   Anrechnung der gezahlten Summe auf den Erwerbspreis.
2. Der Veräußerer zahlt nicht, leistet aber auf Betreiben des Erwerbers diesem Sicherheit dafür, daß er den Gläubiger 1932 befriedigen wird:
   Schon jetzt Anrechnung auf den Erwerbspreis in Höhe des Aufwertungsbetrages, mit dem die Hypothek im Grundbuch wieder eingetragen worden ist.
3. Der Veräußerer leistet nach Vereinbarung mit dem Erwerber weder Zahlung noch Sicherheit (z. B. weil dieser ihn für vertrauenswürdig hält):
   Auch in diesem Fall schon Anrechnung auf den Erwerbspreis in Höhe des Aufwertungsbetrages, mit dem die Hypothek im Grundbuch wieder eingetragen worden ist.
4. Der Veräußerer leistet weder Zahlung noch Sicherheit, weil der Erwerber sich nicht rührt (etwa, weil ein Rechtsstreit gegen den Veräußerer aussichtslos erscheint oder in der Hoffnung, bei der Weiterveräußerung des Grundstücks die Hypothek durch den Käufer übernehmen zu lassen):
   Eine Anrechnung hat nicht zu erfolgen.
5. Der Veräußerer wird nicht vom Erwerber, wohl aber vom Hypothekengläubiger als persönlicher Schuldner in Anspruch genommen:
   Ziffer II findet sinngemäß Anwendung.

II.

Die Hypothek war gelöscht und gelangt wegen guten Glaubens des Erwerbers nicht zur Wiedereintragung (der Veräußerer haftet nur persönlich):

1. Der Veräußerer befriedigt jetzt den Hypothekengläubiger:
   Anrechnung der gezahlten Summe auf den Erwerbspreis.
2. Der Veräußerer, der verpflichtet ist, den Hypothekengläubiger 1932 zu befriedigen, stellt diese Verpflichtung auf Betreiben des Hypothekengläubigers sicher:
   Anrechnung des Gegenwartswertes der Sicherheit, jedoch nicht über die Höhe des Gegenwartswerts der Forderung.
3. Der Veräußerer, der verpflichtet ist, den Hypothekengläubiger 1932 zu befriedigen, braucht mit Einverständnis des Gläubigers eine Sicherstellung dieser Forderung nicht zu bewirken:
   Keine Anrechnung, da die Zahlung 1932 nicht gewährleistet ist.

III.

Die Hypothek ist im Grundbuch stehengeblieben; der Veräußerer hatte sich zwar zu ihrer Löschung vertraglich verpflichtet, doch ist es aus irgendwelchen Umständen nicht zur Löschung gekommen. Inzwischen ist die Hypothek aufgewertet worden, so daß jetzt der Veräußerer zu ihrer Löschung einen wesentlich höheren Betrag aufwenden muß, als ihm und dem Erwerber bei Vertragsschluß vorgeschwebt hat:

1. Der Veräußerer zahlt auf Betreiben des Erwerbers den Aufwertungsbetrag und die Hypothek wird nunmehr gelöscht:
   Anrechnung der über eine Aufwertung von 15% hinausgehenden Summe auf den Erwerbspreis.
2. Der Veräußerer zahlt nicht, leistet aber dem Erwerber auf sein Betreiben Sicherheit dafür, daß er den Gläubiger 1932 befriedigen wird:
   Schon jetzt Anrechnung auf den Erwerbspreis in Höhe des Betrages, der über eine Aufwertung von 15% hinausgeht.
3. Der Veräußerer leistet nach Vereinbarung mit dem Erwerber weder Zahlung noch Sicherheit (vgl. I, 3):
   Auch in diesem Falle schon jetzt Anrechnung des über eine Aufwertung von 15% hinausgehenden Betrages auf den Erwerbspreis.
4. Der Veräußerer leistet weder Zahlung noch Sicherheit, weil der Erwerber sich nicht rührt (vgl. I, 4):
   Eine Anrechnung hat nicht zu erfolgen.
5. Der Veräußerer wird nicht vom Erwerber, wohl aber vom Hypothekengläubiger als persönlicher Schuldner in Anspruch genommen:
   Ziffer II findet sinngemäß Anwendung.

---

(2) Diese Grundsätze sollen etwaige Nachteile, die dem Steuerpflichtigen bei Berechnung der Wertzuwachssteuer nach dem Wortlaut der Ordnung aus der Nichtberücksichtigung der aufgewerteten Hypotheken erwachsen, im Billigkeitswege beheben. Da sie bereits am 7. Mai 1927 aufgestellt worden sind, entsprechen sie nicht mehr in jeder Hinsicht den jetzigen Verhältnissen und gestatten nur noch eine sinngemäße Anwendung. Durch den inzwischen erfolgten Zeitablauf hat insbesondere der in den Grundsätzen mehrfach wiederkehrende Zeitpunkt des 1. Januar 1932 seine praktische Bedeutung verloren; entsprechendes gilt für die Beschränkung in Abschnitt III der Grundsätze auf die über eine Aufwertung von 15% hinausgehende Summe.

(3) Da die Grundsätze sich nach Entstehungsgeschichte und Wortlaut nur auf den Fall beziehen, in dem der Verkauf des Grundstücks zu einer Zeit stattgefunden hat, in der mit einer rückwirkenden Aufwertung der Schuldverpflichtungen noch nicht zu rechnen war, erfassen sie auch nicht alle Härten, die sich bei der Steuerberechnung aus der unvorhergesehenen Aufwertung ergeben können und eine Berücksichtigung erheischen. Insbesondere gilt

dies von dem Fall der Weiterveräußerung des Grundstücks. Der Regelfall ist hier, daß der Ersterwerber B. bei dem seinerzeitigen Erwerb des Grundstücks gewisse Schuldverpflichtungen nicht mitübernommen hat, ihre Löschung vom Erstveräußerer A. entgegen seiner vertraglichen Verpflichtung jedoch nicht bewirkt worden ist, so daß diese im Grundbuch verbliebenen Schuldverpflichtungen in der Besitzzeit des B. zur Aufwertung gelangen. Wenn B. jetzt an C. weiterveräußert und C. diese Schuldverpflichtungen in Anrechnung auf den Kaufpreis übernimmt, so erscheinen sie bei der Wertzuwachssteuerberechnung lediglich im Veräußerungspreis, den sie entsprechend erhöhen. B. als Veräußerer muß auf diese Weise einen um den Betrag der Aufwertungshypotheken erhöhten Wertzuwachs versteuern, der ihm, soweit es sich um die fraglichen Schuldverpflichtungen handelt, in dieser Höhe nicht zugeflossen ist. Dies ist unzweifelhaft eine Härte.

(4) Das gleiche gilt für den Fall, daß B. die nicht übernommenen, im Grundbuch aber verbliebenen Schuldverpflichtungen aus eigenen Mitteln gelöscht hat. In allen diesen oder ähnlichen Fällen gelangen die Schuldverpflichtungen in der Steuerberechnung nicht beim Erwerbspreis, sondern nur beim Veräußerungspreis zur Anrechnung und erhöhen damit den Wertzuwachs unverdientermaßen.

(5) Die obigen Grundsätze sind daher auf Fälle dieser Art sinngemäß anzuwenden. Voraussetzung ist jedoch, daß die Geltendmachung des vertraglichen Anspruchs des B. gegen den Vorbesitzer A. aussichtslos ist und dies nachgewiesen wird, sowie, daß es sich nicht um eine Maßnahme des B. im Einverständnis mit dem Gläubiger handelt, die eine Steuerminderung bezweckt. Der Nachweis, daß die Geltendmachung des vertraglichen Anspruchs aussichtslos ist, ist als geführt anzusehen, wenn die Rechtsverfolgung wegen Aufenthalts des Vorbesitzers im Ausland erheblich erschwert ist und dieser weiteren Grundbesitz im Inlande nicht hat. Auch sonst soll regelmäßig nicht verlangt werden, daß der Steuerpflichtige ein Urteil gegen den Vorbesitzer erwirkt und die Zwangsvollstreckung durchführt, sondern der Nachweis der Aussichtslosigkeit der Rechtsverfolgung ist als geführt anzusehen, wenn glaubhaft gemacht wird, daß der Vorbesitzer nicht in der Lage ist, seine vertraglichen Verpflichtungen zu erfüllen. Als Mittel der Glaubhaftmachung kommen in Frage eidesstattliche Versicherung des Antragstellers sowie Auskünfte der Gemeindebehörde (Wohlfahrtsamt) oder des zuständigen Finanzamts.

(6) Zur Stellung des Antrags auf Gewährung der Vergünstigung ist der gemäß § 24 der Steuerordnung als Steuerschuldner in Anspruch Genommene berechtigt, also auch der Erwerber, sofern er die Wertzuwachssteuer vertraglich übernommen hat und gemäß § 24 Abs. 3 in Anspruch genommen wird.

(7) Diese Grundsätze finden sinngemäß Anwendung auf die vom Zweitveräußerer auf Grund von Ausgleichsansprüchen des Vorbesitzers gezahlten Beträge für getilgte, aber auf Grund des Aufwertungsgesetzes wieder auflebende Schuldverpflichtungen. Ist der Zweitveräußerer von seinem Vorbesitzer für die Aufwertung von Schuldverpflichtungen in Anspruch genommen worden, so ist

der von ihm tatsächlich gezahlte oder sichergestellte Betrag bei der Steuerberechnung für die Weiterveräußerung auf Antrag aus Billigkeitsgründen dem Erwerbspreis hinzuzurechnen. Hierbei ist jedoch zu prüfen, ob und inwieweit bereits dem Vorbesitzer unter Berücksichtigung vorstehender Grundsätze eine Ermäßigung der Steuer gewährt worden ist. Ergibt sich, daß hierbei der zur Abgeltung von Ausgleichsansprüchen gezahlte Betrag zugunsten des Vorbesitzers unberücksichtigt geblieben ist, umfaßt also die dem Vorbesitzer gewährte Ermäßigung die gesamte Hypothekenaufwertung, so kann bei der Weiterveräußerung eine nochmalige Ermäßigung der Steuer für befriedigte Ausgleichsansprüche nicht eintreten. (Beispiel: Vorbesitzer und Erstveräußerer A. ist zur Entrichtung eines Aufwertungsbetrages von 5000 RM. an den Hypothekengläubiger X. verurteilt worden. Er hat gegen den Ersterwerber — und jetzigen Veräußerer — B. einen Ausgleichsanspruch geltend gemacht, der in Höhe von 2000 RM. anerkannt und befriedigt worden ist. A. hat darauf die 5000 RM. an X. gezahlt. Erster Fall: A. hat Anrechnung von 5000 RM. nach Maßgabe der Grundsätze vom 7. Mai 1927 erbeten und erhalten. B. muß mit seinem Anspruch auf Anrechnung der 2000 RM. abgewiesen werden. Zweiter Fall: A. hat Anrechnung nur von 3000 RM. beantragt und erhalten: Der Anspruch des B. ist zu berücksichtigen.)

(8) Die Aufwertungs- und Ausgleichsansprüche sind grundsätzlich nur insoweit zu berücksichtigen, als der Antragsteller unter Berücksichtigung seiner Ansprüche gegen den Vorbesitzer bzw. den Erwerber (Ausgleichsanspruch) tatsächlich beschwert ist.

21. Maschinen.

Nach § 13 Abs. 2 des Reichsbewertungsgesetzes in der Fassung vom 22. Mai 1931 ist, sofern bei Bewertung von Grundstücken der gemeine Wert zugrunde gelegt wird, das bewegliche Inventar nicht zu berücksichtigen und der Wert von Maschinen sowie sonstigen Vorrichtungen aller Art, die zu einer Betriebsanlage des Grundstücks verwandt sind, abzurechnen oder nicht zu berücksichtigen. Dies gilt auch dann, wenn es sich um wesentliche Bestandteile handelt. Auch ohne daß die Steuerordnung eine entsprechende Bestimmung enthält, ist dieser Grundsatz bei der Ermittlung des Wertzuwachses anzuwenden. Maschinen, auch soweit sie zu den wesentlichen Bestandteilen des Grundstücks gehören, sind daher vom Preise abzusetzen. Das gleiche gilt vom Zubehör.

22. Gemeine Lasten.

Wegen des Begriffs der gemeinen Lasten vgl. Art. 2 des Preußischen Ausführungsgesetzes zum Zwangsversteigerungsgesetz. Gemeine Lasten sind danach insbesondere: Grundvermögensteuer, Gemeindezuschlag, Hauszinssteuer, Straßenanliegerbeiträge, Kanalisationsanschlußgebühren u. a.

23. Wiederkehrende Leistungen und Nutzungen.

Die für die Bestimmung des Wertes wiederkehrender Leistungen und Nutzungen in Betracht kommenden Bestimmungen sind jetzt die §§ 17—19 des Reichsbewertungsgesetzes in der Fassung vom 22. Mai 1931. Sie haben folgenden Wortlaut:

§ 17.

(1) Der Gesamtwert von Nutzungen oder von Leistungen, die auf bestimmte Zeit beschränkt sind, ist durch Zusammenzählen der einzelnen Jahreswerte unter Abrechnung der Zwischenzinsen zu berechnen. Der Gesamtwert darf den zum gesetzlichen Zinssatz kapitalisierten Jahreswert nicht übersteigen. Ist die Dauer des Rechtes außerdem durch das Leben einer oder mehrerer Personen bedingt, so darf der nach § 18 zu berechnende Kapitalwert nicht überschritten werden.

(2) Immerwährende Nutzungen oder Leistungen sind mit dem Fünfundzwanzigfachen des Jahreswerts, Nutzungen oder Leistungen von unbestimmter Dauer vorbehaltlich des § 18 mit dem Zwölfeinhalbfachen des Jahreswerts zu veranschlagen.

(3) Ist der gemeine Wert des Gesamtbezugs der Nutzungen oder Leistungen nachweislich geringer oder höher, so ist der gemeine Wert zugrunde zu legen.

§ 18.

(1) Der Wert von Renten oder anderen auf die Lebenszeit einer Person beschränkten Nutzungen und Leistungen bestimmt sich nach dem Lebensalter dieser Person.

(2) Als Wert wird angenommen bei einem Alter

1.		bis zu	15 Jahren	das	18 fache,
2.	von mehr als 15	" "	25 "	"	17 "
3.	" " " 25	" "	35 "	"	16 "
4.	" " " 35	" "	45 "	"	14 "
5.	" " " 45	" "	55 "	"	12 "
6.	" " " 55	" "	65 "	"	$8^1/_2$ "
7.	" " " 65	" "	75 "	"	5 "
8.	" " " 75	" "	80 "	"	3 "
9.	" " "		80 "	"	2 "

des Wertes der einjährigen Nutzung.

(3) Hat jedoch eine nach Abs. 2 bewertete Nutzung oder Leistung im Falle der

Nr. 1	nicht mehr als	9 Jahre,
" 2, 3	" " "	8 "
" 4	" " "	7 "
" 5	" " "	6 "
" 6	" " "	4 "
" 7 bis 9	" " "	2 "

bestanden, so ist die Veranlagung auf Antrag nach der wirklichen Dauer der Nutzung oder Leistung zu berichtigen. Handelt es sich um den Wegfall einer Last, so ist in gleicher Weise eine Nachveranlagung vorzunehmen. Satz 1, 2 gelten nicht für die Veranlagung der laufenden Steuern.

(4) Hängt die Dauer der Nutzung oder Leistung von der Lebenszeit mehrerer ab, so entscheidet, je nachdem das Recht mit dem Tode des zuerst oder des zuletzt Sterbenden erlischt, das Lebensalter des Ältesten oder Jüngsten.

§ 19.

(1) Der einjährige Betrag der Nutzung einer Geldsumme ist, wenn kein anderer Wert feststeht, zu vier vom Hundert anzunehmen.

(2) Bei Nutzungen oder Leistungen, die ihrem Betrag nach ungewiß sind oder schwanken, ist als Jahreswert der Betrag zugrunde zu legen, der voraussichtlich für die Zukunft durchschnittlich erzielt werden wird."

24. Preis bei Zwischengeschäften.

Für die Ermittlung des Erwerbs- und Veräußerungspreises bei den im § 2 d. StO. unter a genannten Geschäften gilt folgendes:

Zu Ziffer 1:

Als Erwerbspreis für das Veräußerungsgeschäft A—B gilt der vom Erwerber A. an seinen Vorbesitzer gezahlte Preis; Veräußerungspreis für dieses Geschäft ist der in dem ihm zugrunde liegenden Vertrage genannte Verkaufspreis; der gleiche Preis ist Erwerbspreis für die Übertragung der Rechte des Erwerbers B. an C.; Veräußerungspreis für die Abtretung ist ebenfalls der Veräußerungspreis des Geschäfts A—B vermehrt um das Entgelt, das C. für die Abtretung der Rechte an B. gezahlt hat.

Zu Ziffer 2:

Entsprechend der Rechtsprechung zu § 5 Abs. 4 Ziff. 2 des Grunderwerbssteuergesetzes ist das Angebot als solches nicht steuerpflichtig. Macht daher A. dem B. ein Angebot, tritt B. die Rechte aus diesem Angebot an C. ab, der dann das Angebot A. gegenüber annimmt, so sind steuerpflichtig der Vertrag A—C und die Abtretung B—C. Bei der Steuerfestsetzung für A. ist Erwerbspreis das an den Vorbesitzer gezahlte Entgelt, Veräußerungspreis der im Angebot A—B bzw. im schuldrechtlichen Vertrage A—C genannte Preis; der gleiche Preis ist für die Abtretung der Rechte von B. an C. Erwerbspreis; Veräußerungspreis ist hier dieser Preis unter Hinzurechnung des Entgelts, das C. für die Abtretung an B. gezahlt hat.

Zu Ziffer 3:

Hier gilt Entsprechendes wie zu Ziffer 1.

Zu Ziffer 4:

Hier gilt Entsprechendes wie zu Ziffer 2 (vgl. § 9 Satz 2 d. StO.).

Zu Ziffer 5:

Im Gegensatz zu den Geschäften der Ziffer 2 handelt es sich hier nur um den Rechtsvorgang, durch den B. ermächtigt wird, das Grundstück des A. auf eigene Rechnung zu veräußern. Ist dieser Tatbestand (z. B. durch unwiderrufliche Vollmacht und langfristiges oder unwiderrufliches Angebot) erfüllt, so ist Erwerbspreis das von A. seinem Vorbesitzer gezahlte Entgelt und Veräußerungspreis die von dem Ermächtigten an A. gewährten Leistungen. Kommt später ein Vertrag mit C. zustande, durch den das Grundstück von B. als Bevollmächtigten des A. an C. verkauft wird, so ist für dieses Geschäft B. heranzuziehen, und zwar gelten als Erwerbspreis die von B. an A. für die Ermächtigung gewährten Leistungen und als Veräußerungspreis der von C. gezahlte Preis.

Zu §§ 10 und 11.

25. Wert und Preis.

Grundsätzlich muß die Veranlagung nach den angegebenen Preisen erfolgen ohne Rücksicht darauf, ob diese Preise dem Wert der einzelnen Gegenstände entsprechen. Abgesehen von dem Fall unrichtiger Angaben zum Zwecke der Steuerersparung kommt eine Wertermittelung nur in Betracht, wenn ein Preis überhaupt nicht vereinbart oder zu ermitteln ist. Als Wert gilt nach der Fassung des Nachtrages vom 10. 6. 1931 der Einheitswert des dem steuerpflichtigen Rechtsvorgang unmittelbar vorausgegangenen Feststellungszeitpunktes und nur, falls ein solcher noch nicht festgestellt worden ist, der gemeine Wert. Die Bestimmung gilt erstmalig für die Einheitswerte vom 1. Januar 1931.

Zu § 12.

26. Umrechnung des Erwerbspreises (§ 12 Abs. 1).

(1) Eine Umrechnung des Erwerbspreises kommt nur in Frage, soweit der Tag des Abschlusses des Rechtsgeschäfts oder der an seine Stelle tretende Zeitpunkt in die Zeit vom 1. Januar 1918 bis zur Stabilisierung der Währung (19. November 1923)[24]) fällt und der Preis nicht in Gold-, Renten- oder Reichsmark ausgedrückt ist. Wegen der Umrechnungstabelle siehe Anlage 1.

(2) Der Zeitpunkt, der für die Umrechnung des Erwerbspreises maßgebend ist, muß sich mit dem Zeitpunkt decken, von dem an der für die Steuerberechnung maßgebende Zeitraum (§ 13 Abs. 1 Ziff. 3) zu rechnen beginnt. Setzt sich der dem Erwerb des Grundstücks zugrunde liegende Kaufvertrag z. B. aus einem Angebot mit später erfolgter Annahme zusammen, so ist für die Umrechnung der Zeitpunkt der Annahme maßgebend, es sei denn, daß das Kaufangebot nach seiner Fassung als wirtschaftlicher Erwerbsvorgang anzusehen ist.

(3) Ist ein Veräußerungsgeschäft nicht in der in § 313 BGB. vorgesehenen Form (gerichtliche oder notarielle Beurkundung) abgeschlossen — privatschriftlicher oder mündlicher Kaufabschluß — so verpflichtet es nicht zur Übertragung des Eigentums. Als Zeitpunkt der Vollendung des Rechtsvorganges, der die Rechtsänderung bewirkt und demnach der Umrechnung zugrunde zu legen ist, ist in diesen Fällen die Eintragung des Eigentümers im Grundbuch maßgebend.

27. Berücksichtigung der Schuldverpflichtungen im Erwerbspreis (§ 12 Abs. 2).

(1) Die Zerlegung des Erwerbspreises in einen Barpreis und in die hypothekarische Belastung, wie sie § 12 Abs. 2 Ziff. 1 vor-

---

[24]) OVG. v. 21. 11. 29 (Pr. Verw.Bl. Jhrg. 51 S. 631).

[25]) RFH. v. 2. 7. 26 — II A 303/26.

steht, stellt eine zugunsten des Steuerpflichtigen wirkende Berücksichtigung bestimmter Schuldbeträge der besonders gekennzeichneten Art dar. Die Zerlegung des Erwerbspreises und die Einsetzung der Hypotheken in ihn mit dem gleichen Wert, mit dem sie bei der Berechnung des neuen Veräußerungspreises in Ansatz gebracht sind, hat danach nur zu erfolgen, wenn sich auf diese Weise ein für den Steuerpflichtigen günstigerer Preis ergibt als im Falle der Berechnung des Goldmarkwerts nach dem Umrechnungstage des übrigen Erwerbspreises. Diese Sonderregelung hat daher praktische Bedeutung nur für die Erwerbsvorgänge aus der Zeit nach dem 1. Januar 1918. Für Erwerbsvorgänge aus der Zeit vor diesem Zeitpunkt gelangt die Bestimmung überhaupt nicht zur Anwendung, weil in diesen Fällen nach § 2 des Aufwertungsgesetzes der Nennbetrag der Papiermarkhypotheken der Goldmarkbetrag ist.

(2) Mit welchem Wert Papiermarkhypotheken bei der Berechnung des Veräußerungspreises in Ansatz zu bringen sind, hängt in erster Linie von der Parteivereinbarung ab. Besagt diese hierüber nichts, so ist die Hypothek mit dem ihr nach dem Aufwertungsgesetz zur Zeit des Vertragsabschlusses zuzuerkennenden Goldmarkbetrag anzusetzen [25]).

(3) Werden bei der Veräußerung des Grundstücks mehrere ehemalige Papiermarkhypotheken übernommen, so ist es nicht angängig, jede der Hypotheken mit dem für sie jeweils günstigeren Betrag in den Erwerbspreis einzusetzen, also beispielsweise die eine Hypothek mit dem Aufwertungsbetrag und die andere mit dem nach dem Kurs des übrigen Erwerbspreises umgerechneten Betrag. Die Hypotheken können vielmehr lediglich in ihrer Gesamtsumme auf den Goldmarkwert umgerechnet werden und danach ist sodann zu entscheiden, ob die Einsetzung des Goldmarkwerts nach dem Umrechnungstag des übrigen Erwerbspreises oder nach dem Veräußerungspreis für den Steuerpflichtigen günstiger ist [26]).

(4) Die Bestimmung des Abs. 2 Ziff. 1, wonach Schuldverpflichtungen, die bei der neuen Veräußerung des Grundstücks noch bestehen und vom neuen Erwerber übernommen werden, in den Erwerbspreis mindestens mit dem gleichen Betrage einzustellen sind wie bei der Berechnung des neuen Veräußerungspreises, gilt auch für solche Schuldverpflichtungen, die innerhalb des für die Steuerberechnung maßgebenden Zeitraums zurückgezahlt und gelöscht, dann aber durch das Aufwertungsgesetz wieder aufgelebt sind und bei der Wertveräußerung vom Erwerber übernommen werden. Diese Schuldverpflichtungen sind, wenn auch in der Zwischenzeit zu ihrer Ablösung ein bestimmter Geldbetrag an den Gläubiger entrichtet und jetzt ein anderer Geldbetrag für sie festgestellt worden ist, immer noch als alte Schuldverpflichtungen anzusehen.

(5) Erfolgt die Veräußerung des Grundstücks in der Zwangsversteigerung und werden dabei ehemals auf Papiermark laufende Schuldverpflichtungen ganz oder teilweise ausgeboten, so sind sie bzw. der Teil, der zur Ausbietung gelangt, mindestens mit dem gleichen Betrag in den Erwerbspreis aufzunehmen, mit dem sie im Meistgebot Berücksichtigung gefunden haben.

---

[26]) OVG. v. 9. 11. 28 — VII C 48/27.

(6) Wird als Veräußerungspreis der Einheitswert oder gemeine Wert des Grundstücks eingesetzt, so sind die bei der Veräußerung übernommenen ehemaligen Papiermarkschuldverpflichtungen in analoger Anwendung der vorerwähnten Bestimmung beim Erwerbspreis mindestens mit dem sich aus dem Aufwertungsgesetz ergebenden Goldmarkbetrage anzusetzen. Sind beim Erwerbe im Wege der Zwangsversteigerung Schuldverpflichtungen zwar nicht übernommen, wohl aber vom Ersteher getilgt worden, so gilt auch für sie die Regelung der Ziffer 2 des Abs. 2 [27]).

(7) Zu den Hypotheken im Sinne des Abs. 2 rechnen nicht Restkaufgeldhypotheken, die anläßlich des Erwerbs des Grundstücks in der Inflationszeit zur Eintragung gelangt und später aufgewertet worden sind [28]).

Zu § 13.

28. Erwerbskosten. Allgemeines.

Als Erwerbskosten gelten nur solche, die unmittelbar und regelmäßig mit dem Rechtsvorgang des Erwerbs zusammenhängen und nach den Anschauungen des Verkehrs als zum Erwerb gehörig gelten. Nicht zählen dazu z. B. die Kosten eines Schwarzkaufprozesses, mit dem der jetzige Veräußerer sein Eigentum am Grundstück klar gestellt oder erst erlangt hat, da sie nur mittelbar und zufällig mit dem Erwerb zusammenhängen [29]). Dagegen ist z. B. die Grunderwerbssteuer dem Erwerbspreis in dem Umfang hinzuzurechnen, in dem sie vom Erwerber gezahlt worden ist [30]).

29. Pauschbetrag (§ 13 Abs. 1 Ziff. 1).

Der Pauschalbetrag als Ersatz für die Erwerbskosten ist mit Rücksicht auf die 5%ige Grunderwerbssteuer auf sechs v. H. des Erwerbspreises festgesetzt worden. Als Erwerbspreis gilt hierbei der vertraglich vereinbarte Preis ohne Berücksichtigung der bei Anwendung des § 12 Abs. 2, Ziffer 1 und 2 sich ergebenden Preiserhöhung. Dies wird ausgedrückt durch Satz 2 der Ziffer 1, wonach die Kosten von dem sich nach Abs. 1 des § 12 ergebenden Erwerbspreis zu berechnen sind [31]). Die Pauschale von 6% ist auch bei der Steuerberechnung anläßlich der Veräußerung von Anteilen zu berücksichtigen und zwar auch dann, wenn in der Erklärung des Veräußerers Erwerbskosten nicht aufgeführt sind.

30. Vermittlungsgebühr.

(1) Die Vermittlungsgebühr ist in Höhe der tatsächlichen Zahlung anzurechnen. Diese Bestimmung hindert jedoch nicht, bei grober Überschreitung des ortsüblichen Maßes einen Nachweis darüber zu fordern, aus welchen Gründen eine derartig erhöhte Gebühr vereinbart und gezahlt worden ist, da bei einer unbegründeten Überschreitung der ortsüblichen Sätze die Vermutung

---

[27]) OVG. v. 14. 6. 29 — VII C 141/28.
[28]) OVG. v. 27. 3. 31 — VII C 188/30.
[29]) OVG. v. 26. 10. 28 — VII C 120/27.
[30]) OVG. v. 10. 4. 23 — VII C 149/22 — (Bd. 78 S. 15).
[31]) OVG. v. 15. 6. 28 — VII C 118/27 — (Bd. 83 S. 123).

der Kaufpreisverschleierung oder Steuerumgehung naheliegt. Als ortsüblich können Provisionssätze von 2—3% gelten. Bei sehr schwierigen Verkaufsobjekten, bei welchen den Verkäufern besonders an einem Verkauf gelegen ist (z. B. Verkauf bis zu einem bestimmten Termin), wird die Provision vielfach auch höher — bis zu 5% — vereinbart und dementsprechend zu berücksichtigen sein.

(2) Vermittlungsgebühr ist bei allem lediglich die für die Handlung der Vermittlung gezahlte Gebühr. Verbergen sich unter der Vermittlungsgebühr noch andere Kosten — wie z. B. Reklamekosten und ähnliche der Vorbereitung der Grundstücksveräußerung dienende Kosten —, die an sich als Erwerbskosten überhaupt nicht zu berücksichtigen sind[32]), so ist nur der tatsächlich auf die Vermittlung entfallende Teil des Gesamtentgelts als Vermittlungsgebühr anzurechnen. Kommt der Steuerpflichtige der Aufforderung zur Zerlegung des Gesamtentgelts in diesem Sinne nicht nach, so ist der auf die Vermittlung entfallende Teil zu schätzen unter Zugrundelegung des Verhältnisses, in dem die Arbeit und die Kosten für die Vermittlung selbst zu der Arbeit und den Kosten der übrigen Handlungen stehen, die durch die Gesamtprovision mit abgegolten werden.

(3) Ist das Grundstück zwangsversteigert worden, so kommt die Berücksichtigung einer Vermittlungsgebühr für den Verkauf nicht in Frage. Ebensowenig kann der Veräußerer eines Grundstücks, das er in der Zwangsversteigerung erworben hat, die Anrechnung einer Vermittlungsgebühr beim Erwerbspreis verlangen.

31. Ausgefallene Hypotheken (§ 13 Abs. 1 Ziff. 2).

(1) Die Bestimmung über die Anrechnung der beim Erwerb in der Zwangsversteigerung ausgefallenen Schuldverpflichtungen entspricht im wesentlichen der Vergünstigung des Reichszuwachssteuergesetzes, jedoch ist die Frist zwischen Erwerb und Einleitung der Zwangsversteigerung abweichend von der Regelung im Reichsgesetz auf zwei Jahre erhöht worden. Auch ist der Kreis der Anrechnungen gegenüber dem Reichsgesetz erweitert worden, indem auch Abfindungen, die der — Ersteher und jetzige — Veräußerer seinerzeit an dinglich Berechtigte zur Erzielung eines geringeren Meistgebots gezahlt hat, ohne deren Forderung zu erwerben, in entsprechender Weise dem Erwerbspreis hinzuzurechnen sind.

(2) Die Vergünstigung soll sich nicht auf den Fall beschränken, daß der Veräußerer selbst früher Gläubiger der ausgefallenen Schuldverpflichtungen war, sondern sie ist auf Antrag auf die Fälle auszudehnen, in denen der Veräußerer in naher verwandtschaftlicher Beziehung zum Gläubiger der Schuldverpflichtung steht[33]) (Ehegatte, Eltern, Abkömmling, auch Erbe) und aus Rücksichten persönlicher Art die Schuldverpflichtung offensichtlich im Interesse ihres Gläubigers und ohne Hinterziehungsabsicht nicht ausgeboten hat.

(3) Die Befristung des Satzes 3 hat nicht die Bedeutung, daß im Falle des Erwerbs der Schuldverpflichtung innerhalb einer

[32]) OVG. v. 21. 10. 12 (Amtl. Mittl. 1913 S. 8).
[33]) Vgl. Amtl. Mittl. 1913 S. 137).

kürzeren Zeit als zwei Jahre vor der Einleitung der Zwangsversteigerung die beantragte Hinzurechnung stets abzulehnen ist. Die Hinzurechnung kann in diesem Fall nur dann nicht erfolgen, wenn nach den Umständen anzunehmen ist, daß durch den Erwerb Steuerersparung bezweckt wurde.

32. **Der für die Steuerberechnung maßgebende Zeitraum.**

Im § 13 Abs. 1 Ziff. 3 der Steuerordnung befindet sich die äußerst wichtige Bestimmung über den für die Steuerberechnung maßgebenden Zeitraum. Diese Vorschrift bezieht sich nicht nur auf die Aufwendungen, sondern enthält einen für die ganze Steuerordnung geltenden Grundsatz, der insbesondere auch für die Errechnung der Steuer und die hierbei maßgebliche Besitzdauer Bedeutung besitzt (vgl. § 23 Abs. 2 und 3 der StO.). Als maßgebender Zeitraum gilt die Zeit von dem der Steuerberechnung zugrunde zu legenden Erwerbsvorgang bis zu dem die Steuerpflicht auslösenden Rechtsvorgang. Da nach der Steuerordnung als Erwerbsvorgang der schuldrechtliche Erwerb bzw. der an seine Stelle tretende Rechtsvorgang anzusehen ist, umfaßt der maßgebende Zeitraum die Zeit zwischen dem schuldrechtlichen Erwerb und der schuldrechtlichen Veräußerung des Grundstücks bzw. die Zeit zwischen den an ihre Stelle tretenden Rechtsvorgängen. Setzt sich der der Besteuerung zugrunde zu legende Kaufvertrag als Erwerbs- oder Veräußerungsvorgang — aus einem Angebot mit später erfolgter bzw. erfolgender Annahme zusammen, so umfaßt der maßgebende Zeitraum die Zeit vom bzw. bis zum Zeitpunkt der Annahme. Der Zeitpunkt des Kaufangebots ist für die Ermittlung des maßgebenden Zeitraums nur dann von Bedeutung, wenn das Kaufangebot nach seiner Fassung als wirtschaftlicher Eigentumsübergang anzusehen ist.

33. **Aufwendungen** (§ 13 Abs. 1 Ziff. 3). **Allgemeines.**

Zur Berücksichtigung der Aufwendungen ist erforderlich, daß sie in dem für die Steuerberechnung maßgebenden Zeitraum vorgenommen worden sind; dagegen ist unerheblich, ob ihre Vornahme im Auftrage und auf Veranlassung des jetzt steuerpflichtigen Veräußerers oder eines Dritten erfolgt ist und ob dieser oder ein Dritter die Zahlungen dafür geleistet hat. Werden beispielsweise in der Besitzzeit des Eigentümers A. vom Pächter B. auf seine Kosten Aufwendungen vorgenommen, so sind sie im Fall der Grundstücksveräußerung durch A. dessenungeachtet dem Erwerbspreis hinzuzurechnen. Handelt es sich um Aufwendungen in erheblichem Umfang, die den Kaufpreis des Grundstücks beeinflussen — z. B. Bebauung eines bisher unbebauten Grundstücks —, so ist bei einem späteren Grundstückserwerb durch den bisherigen Pächter B. als Veräußerungspreis nicht der vereinbarte, sich lediglich auf das Grundstück ohne die vom Pächter bewirkten Aufwendungen beziehende Kaufpreis, sondern der Grundstück und Baulichkeiten des Pächters umfassende höhere Einheits- oder gemeine Wert zugrunde zu legen[34]). Dieser Wert im Zeitpunkt der Veräußerung durch A.

[34]) OVG. v. 1. 4. 19 (Bd. 75 S. 7).

bildet dann auch den Erwerbspreis im Falle der Weiterveräußerung des Grundstücks durch B. Anders verhält es sich mit den in der Steuerordnung erwähnten Zuschüssen von dritter Seite, auf deren Rückgabe der Hergeber verzichtet hat. Diese sind nicht als Aufwendungen zu berücksichtigen. Gedacht ist hier vor allem an die sog. verlorenen Bauzuschüsse der Mieter zwecks Aufstockung und Wohnungsbeschaffung.

34. Instandsetzungskosten.

(1) Nach der klaren Fassung der Steuerordnung und den wiederholten höchstgerichtlichen Entscheidungen werden im allgemeinen keine Zweifel bestehen, was als Aufwendung zu gelten hat. Die Anrechnung von Kosten der laufenden Instandhaltung ist grundsätzlich ausgeschlossen. Nur wenn es sich um Kosten handelt, die der Instandsetzung eines durch den oder die Vorbesitzer baulich völlig verwahrlosten Hauses handelt, ist in Anlehnung an die Rechtsprechung auch die Anrechnung solcher Kosten zugelassen, die streng genommen Kosten der laufenden Instandhaltung sind. Vorausgesetzt ist hierbei vor allem, daß ein hoher Grad von Verwahrlosung vorlag. Da diese Feststellung nicht immer leicht zu treffen sein wird und um der Einleitung von Verwaltungsstreitverfahren, deren Ergebnis u. U. zu der aufgewandten Verwaltungsarbeit und zu den Kosten im Mißverhältnis steht, nach Möglichkeit vorzubeugen, empfiehlt sich hier der Abschluß von Vergleichen. Hierbei muß der Steuerpflichtige durch Beibringung von Unterlagen glaubhaft machen, daß im Zeitpunkt der Übernahme des Grundstücks eine hochgradige Verwahrlosung der gesamten Baulichkeiten Abhilfe erheischte. Gelingt ihm dies, so kommen sämtliche Kosten der Instandsetzung nach § 13 Abs. 1 Ziff. 3 zur Anrechnung, soweit sie die in der Miete enthaltenen Anteile für Instandsetzungsarbeiten überstiegen haben. Hat der Steuerpflichtige z. B. während seiner Besitzzeit an Prozenten für Instandsetzungsarbeiten in der Miete 5000 RM. eingenommen und andererseits 7500 RM. für Arbeiten am Hause verausgabt, so wären ihm 2500 RM. anzurechnen.

(2) Der Satz, mit dem die laufenden Instandsetzungsarbeiten in der gesetzlichen Miete enthalten sind, hat betragen:

seit dem	1. Februar	1924	=	6%
„ „	1. März	„	=	8%
„ „	1. April	„	=	11%
„ „	1. Mai	„	=	15%
„ „	1. April	1926	=	17%

(3) Mit Wirkung vom 1. Mai 1924 sind in dem Hundertsatz für laufende Instandsetzungsarbeiten 4% für Schönheitsreparaturen enthalten, um welche die oben angeführten Sätze zu ermäßigen wären, wenn die Mieter die Schönheitsreparaturen selbst ausführen.

(4) Ein ausdrücklich bestimmter Satz für große Instandsetzungsarbeiten ist in der gesetzlichen Miete nicht enthalten.

(5) Das Zentralwohnungsamt Berlin hat dafür jedoch nachstehende Sätze ermittelt:

seit 1. Juli 1924 3%
„ 1. April 1925 3,6%
„ 1. Juli 1926 5,5%
„ 1. Oktober 1927 6%

(6) Bis zum 30. Juni 1924 konnte das Mieteinigungsamt im Einzelfalle für große Instandsetzungsarbeiten auf Antrag des Vermieters einen Hundertsatz festsetzen, der jedoch über 3% der Friedensmiete nicht hinausgehen durfte.

35. Wert der eigenen Arbeit.

(1) Bei der Anrechnung der Aufwendungen ist auch der Wert der eigenen Arbeit zu berücksichtigen. Als anrechnungsfähige eigene Arbeit gilt diejenige selbst ausgeführte Arbeit bei der Durchführung von Bauten, Umbauten und sonstigen dauernden Verbesserungen, durch die eine andernfalls notwendig werdende fremde Arbeitskraft (Handwerker usw.) ersetzt worden ist. Der Wert ist nach den ortsüblichen Lohnsätzen zu ermitteln.

(2) Darüber hinaus ist eigene Arbeit auch z. B. die Arbeit des Architekten, der für eigene Rechnung Wohnhäuser errichtet, um sie dann zu verkaufen. Für die Wertfestsetzung dieser eigenen Architektenarbeit sind folgende Richtsätze maßgebend:

Bei einem Bauwert bis zu	Für die Herstellung des Rohbaues v. H. des Bauwertes	Für die schlüsselfertige Herstellung des Bauwerks v. H. des Bauwertes
5000	4	13
10000	3,8	12,3
20000	3,6	11,7
30000	3,4	11,1
40000	3,2	10,4
50000	3	9,8
60000	2,9	9,5
70000	2,8	9,1
80000	2,7	8,8
90000	2,6	8,5
100000	2,5	8,2
150000	2,4	7,8
200000	2,3	7,5
300000	2,2	7,2
400000	2,1	6,8
500000	2	6,5
600000	1,9	6,2
800000	1,8	5,9
1000000	1,7	5,6
2000000	1,6	5,2
5000000 und darüber	1,5	4,9

(3) Diese Richtsätze sind Höchstsätze. Sie umfassen die gesamte Tätigkeit des Architekten (Entwurfsbearbeitung, Vergabe der Arbeiten an Handwerker, Bauleitung und Beaufsichtigung, Verhandlungen mit den Behörden u. a.). Hat der Architekt nur eine bestimmte Tätigkeit ausgeübt, z. B. Entwurfsbearbeitung oder Bauleitung, so ist ihm nur ein von Fall zu Fall zu ermittelnder Teil der vorstehenden Sätze zu bewilligen. Für besondere Nebenaufgaben, z. B. Finanzierung des Baues u. a., können Anrechnungen nicht erfolgen, da derartige Aufgaben nicht unmittelbar die Tätigkeit als Architekt betreffen.

36. Aufwendungen land- und forstwirtschaftlicher Art.

Auch Aufwendungen land- und forstwirtschaftlicher Art sind zu berücksichtigen, allerdings lediglich die Gestehungskosten, die erste Urbarmachung und Herrichtung des Grund und Bodens, die Kosten der Bäume und ihrer erstmaligen Anpflanzung, nicht dagegen die laufenden Kosten für Düngung, Bewässerung, Pflege usw. Es kommt hier darauf an, wann der in Frage stehende Nutz- oder Ziergarten als hergerichtet zu gelten hatte. Von diesem Zeitpunkt an sind die aufgewendeten Kosten nicht anrechnungsfähige Kosten der laufenden Instandhaltung.

37. Baugeldzinsen.

Baugeldzinsen sind, abgesehen davon, daß sie in der Steuerordnung als anrechnungsfähig besonders aufgeführt werden, an sich bereits als Aufwendungen anzurechnen. Dagegen bleiben außer Berücksichtigung die in der Bauzeit entgangenen Zinsen der eigenen zur Grundstücksbebauung verwendeten Gelder [35]).

Zu § 14.

38. Erwerbsvorgang bei Steuerbefreiungen (§ 14 Abs. 1).

Zur Ermittlung des Wertzuwachses ist außer bei § 26 Abs. 1 Ziff. 1—3, 5 und 6 nur in den Fällen des § 7 der Steuerordnung auf den letzten steuerpflichtigen Rechtsvorgang zurückzugehen, nicht dagegen in den Fällen des § 6 (vgl. AusfBest. Ziff. 7). Satz 3 des Abs. 1, wonach auch für die Zeit vor dem Inkrafttreten der Ordnung die Steuerfreiheit und -pflicht von Rechtsvorgängen sich nach der jetzt geltenden Ordnung bestimmt, stellt nicht eine allgemeine Regelung für die gesamte Steuerordnung dar, sondern kann angesichts des engen Zusammenhangs mit Satz 1 und 2 des Abs. 1 nur im Rahmen dieser Bestimmung Anwendung finden. Wegen des Ausgleichs etwaiger Härten siehe Ausführungsbestimmungen Ziff. 78.

39. Erwerbsvorgang bei Umwandlung von Kapitalgesellschaften (§ 14 Abs. 2).

(1) An dieser Stelle ist zur Angleichung der Steuerordnung an die reichsgesetzlichen Vorschriften die Bestimmung des § 18a Abs. 2

[35]) OVG. v. 6. 1. 14 — VII C 57/13 — (Bd. 67 S. 1).

des Finanzausgleichsgesetzes in der Fassung der Notverordnung vom 1. Dezember 1930 (RBl. S. 586) durch den Nachtrag vom 10. Juni 1931 eingefügt worden. Die Vergünstigung gilt gemäß Art. 4 Abs. 1 des Verkehrsteuersenkungsgesetzes (Notverordnung vom 1. Dezember 1930, RGBl. S. 586) vom 1. Oktober 1930 ab und stellt eine zeitliche Erweiterung der sich aus der Anwendung des früheren § 14 Abs. 2 des Körperschaftsteuergesetzes vom 30. März 1920 (siehe AusfBest. Ziff. 10 Abs. 6) ergebenden Folgerungen dar. Ihre praktische Auswirkung ergibt sich aus einer Aufstellung der einzelnen Zeitabschnitte.

(2) Es galten:

vom 1. Januar 1919 bis 31. Dezember 1924, § 14 Abs. 2 der Steuerordnung (§ 18a Abs. 2 des Finanzausgleichsgesetzes — RGBl. 1930 I S. 586 —),

vom 1. April 1920 bis 31. August 1925, § 14 Abs. 2 des Körperschaftsteuergesetzes in der Fassung vom 30. März 1920 — s. AusfBest. Ziff. 10 Abs. 6 —,

vom 1. September 1925 bis 30. September 1930, § 10 Abs. 1 des Steuermilderungsgesetzes vom 31. März 1926 — RGBl. I S. 185 —,

vom 1. Oktober 1930 ab gilt § 9a der Steuerordnung (§ 18a Abs. 1 des Finanzausgleichsgesetzes (RGBl. 1930 I S. 586) — vgl. AusfBest. Ziff. 11 —.

(3) Daß die fraglichen Rechtsvorgänge nach dem 1. Oktober 1930 und unter der Herrschaft des Steuermilderungsgesetzes als Erwerbsvorgänge außer Betracht bleiben, ergibt sich aus § 14 Abs. 1 Satz 1 der Steuerordnung (vgl. AusfBest. Ziff. 38 und Ziff. 10 Abs. 4), ergäbe sich übrigens auch kraft Reichsrechts unmittelbar aus den entsprechenden Bestimmungen des Steuermilderungsgesetzes und des Finanzausgleichsgesetzes [36]). Das gleiche muß für Rechtsvorgänge in der Zeit vom 1. April 1920 bis 31. August 1925 gelten, wenn auch § 14 Abs. 2 des Körperschaftsteuergesetzes in der Fassung vom 30. März 1920 in § 7 Abs. 1 Ziff. 9 der Steuerordnung nicht Aufnahme gefunden hat (vgl. AusfBest. Ziff. 10 Abs. 5). Hieraus ergibt sich, daß sich diese Vorschrift des Körperschaftsteuergesetzes mit dem neu eingefügten Abs. 2 des § 14 der Steuerordnung zeitlich insofern überschneidet, als beide Bestimmungen die Zeitspanne vom 1. April 1920 bis 31. Dezember 1924 umfassen. Der Zweckgedanke des § 14 Abs. 2 der Steuerordnung (§ 18a Abs. 2 des Finanzausgleichsgesetzes) ist daher für diese Zeitspanne im Geltungsbereich der Berliner Steuerordnung bereits von Gesetzes wegen erfüllt, so daß es einer Antragstellung nur für die Zeit vom 1. Januar 1919 bis 31. März 1920 bedarf.

40 **Gemeiner Wert vom 1. Januar 1900 (§ 14 Abs. 3).**

(1) Für die Gegenüberstellung des gemeinen Wertes vom 1. Januar 1900 und des möglicherweise höheren Erwerbspreises zwecks Einsetzung des für den Steuerpflichtigen günstigeren Wertes in die Berechnung ist zu beachten, daß nach § 13 Abs. 1 Ziff. 1 Er-

[36]) OVG. v. 19. 12. 30 — VC 154/30 — (Bd. 87 S. 179).

werbskosten dem gemeinen Wert nicht zugerechnet werden dürfen. Es wird also auch dann der Erwerbspreis statt des Wertes von 1900 der Berechnung zugrunde gelegt werden müssen, wenn er einschl. der 6%igen Pauschale bzw. der im einzelnen nachgewiesenen Erwerbskosten höher ist als der gemeine Wert. Wird jedoch der gemeine Wert zugrunde gelegt, so bleibt für die Berücksichtigung von Aufwendungen aus der Zeit vor dem 1. Januar 1900 kein Raum.

(2) Wegen der Berechnung der Steuerermäßigung nach § 23 Abs. 3 bei Einsetzung des gemeinen Wertes vom 1. Januar 1900 als Erwerbspreis siehe Ausführungsbestimmungen Ziff. 45 Abs. 3.

Zu § 16.

41. **Verlustausgleich** (§ 16 Abs. 3).

(1) Die Dreijahresfrist ist von der letzten Teilveräußerung zurückzurechnen; es ist nicht erforderlich, daß bereits die erste Teilveräußerung unter der Herrschaft dieser Steuerordnung — d. h. nach dem 31. März 1929 — stattgefunden hat, vielmehr genügt es, daß die letzte Teilveräußerung während ihrer zeitlichen Geltungsdauer bewirkt worden ist.

(2) Das Ausgleichsrecht ist nicht durch Anfechtung der einzelnen, eine gewinnbringende Teilveräußerung betreffenden Veranlagung geltend zu machen; der Steuerpflichtige kann vielmehr erst nach Ablauf der gesetzlichen Frist von drei Jahren, gerechnet von der ersten Teilveräußerung ab, den Ausgleich beanspruchen. Nur wenn sämtliche Teile des örtlich und wirtschaftlich zusammenhängenden Geländes bereits vor Ablauf der Dreijahresfrist veräußert worden sind, kann der Ausgleich schon zuvor, nämlich bei Veräußerung des letzten Teilstücks, beantragt werden. Bei Ablehnung des Antrags steht dem Steuerpflichtigen hiergegen die unbefristete Beschwerde nach § 18 ZustGes. zu[37]).

(3) Liegen innerhalb des entscheidenden Zeitraums mehrere mit einem Wertzuwachs abschließende Teilveräußerungen, so muß der abzuziehende Verlust auf die sämtlichen verschiedenen Veräußerungsfälle nach dem Verhältnis der Wertzuwachssteuerbeträge verteilt werden. Dem Steuerpflichtigen steht nicht das Recht zu, nur eine oder einzelne der gewinnbringenden Teilveräußerungen herauszugreifen und ausschließlich bei ihnen den Verlust zu verrechnen.

(4) Wird die Parzellierung nicht innerhalb dreier Jahre seit der ersten Teilveräußerung beendet, so bilden für die später liegenden Veräußerungsfälle die am Ende jener drei Jahre noch unveräußerten Teilstücke den zusammenhängenden Grundbesitz, von dem für die Berechnung des zukünftigen Ausgleichs auszugehen ist[38]).

(5) Wertzuwachs im Sinne des Abs. 3 ist der allgemeine Wertzuwachsbegriff[39]); ein Verlust ist dann anzuerkennen, wenn der

[37]) OVG. v. 20. 3. 17 (Amtl. Mitt. 1917 S. 103).
[38]) OVG. v. 20. 3. 17 (Amtl. Mitt. 1917 S. 103).
[39]) OVG. v. 19. 9. 16 (Amtl. Mitt. 1916 S. 179).

Veräußerungspreis abzüglich der Veräußerungskosten und Vermittlergebühren geringer ist als der Erwerbspreis zuzüglich der Aufwendungen.

Zu § 18.

42. Veräußerungskosten.

Die Ausführungen zu § 13 Abs. 1 Ziff. 1 (AusfBest. Ziff. 28, 30) gelten hier sinngemäß. Es sind also nur die unmittelbar mit der Veräußerung zusammenhängenden Kosten zu berücksichtigen, nicht dagegen solche Kosten, die der Vorbereitung der Veräußerung dienen. So sind z. B. nicht abzugsfähig die Kosten der Vermessung und Aufstellung eines Parzellierungsplanes, wohl aber Kosten zur Beschaffung des Katastermaterials [40]).

Zu § 20.

43. Übernommene Wertzuwachssteuer.

(1) Wie der Veräußerungspreis im Falle der Übernahme der Steuer durch den Erwerber zu errechnen ist, ist in Abs. 2 eindeutig bestimmt. Es ist die Steuer unter Zugrundelegung des vereinbarten, tatsächlichen Kaufpreises erstmalig zu errechnen, dieser Steuerbetrag sodann dem Veräußerungspreise hinzuzusetzen und unter Einstellung dieses erhöhten Kaufpreises als Veräußerungspreis in die Berechnung die Steuer sodann endgültig festzusetzen.

(2) Bei der Grunderwerbssteuer ist für den Fall der Übernahme der Steuer durch eine der beiden Vertragsparteien auf Grund wiederholter Entscheidungen des Reichsfinanzhofs [41]) eine abweichende, auf das Prinzip der unendlichen Reihe abgestellte Berechnungsart zur Einführung gelangt. Ihre Anwendung auf dem Gebiete der Wertzuwachssteuer ist jedoch ausgeschlossen, da bei der klaren Fassung der Steuerordnung an der Art der Berechnung kein Zweifel besteht und jede abweichende Berechnung gegen den Wortlaut der Steuerordnung verstoßen würde.

Zu § 21.

44. Gesamthandseigentum.

(1) Nach ständiger Rechtsprechung stellt die Übertragung von Gesamthandseigentum an einen Gesamthänder zum Alleineigentum einen Rechtsvorgang dar, der als solcher eine an die Veräußerung von Grundstücken geknüpfte Steuerpflicht hinsichtlich des Gesamtgrundstücks auslöst, soweit nicht durch ausdrückliche Gesetzesvorschrift etwas Gegenteiliges bestimmt ist [42]). Eine solche Ausnahme ist in Anlehnung an § 25 des Reichszuwachssteuergesetzes und § 15 des Grunderwerbssteuergesetzes durch die vorliegende Gesetzesfassung geschaffen worden.

(2) Ihrer Durchführung stellen sich keine Schwierigkeiten entgegen, wenn die Überlassung des Grundstücks von der Gesamthandsgemeinschaft auf einen oder mehrere Mitberechtigte unter

[40]) OVG Bd. 64 S 68 (Amtl. Mitt. 1913 S. 174).
[41]) RFH. v. 30. 6. 22 (Bd. 10 S. 160).
[42]) OVG. v. 28. 3. 30 — VII C 129/29 — (Bd. 86 S. 156).

der Herrschaft der jetzigen Steuerordnung erfolgt. Für den nächsten Steuerfall (Weiterveräußerung nach der Überlassung) gilt dann folgendes:

a) Für den ursprünglichen Anteil des nunmehrigen Veräußerers ist der anteilige Erwerbspreis zu ermitteln; zu diesem Zweck ist auf den letzten steuerpflichtigen Rechtsvorgang vor der Überlassung zurückzugehen und von dem damaligen Erwerbspreis ein der Quote des jetzigen Veräußerers entsprechender Teil als Erwerbspreis anzusetzen. Diesem Erwerbspreis ist die gleiche Quote des jetzigen Veräußerungspreises gegenüber zu stellen.

b) Dem übrigen Teil des Veräußerungspreises ist als Erwerbspreis der entsprechende Teil des Überlassungsentgelts (Wert) gegenüber zu stellen.

(3) Dieses Verfahren läßt sich jedoch nicht durchführen, wenn der Erwerb durch den oder die Mitberechtigten vor dem 1. April 1929 erfolgt ist, da entsprechend der damaligen Fassung der Steuerordnung und der Rechtsprechung eine Besteuerung im vollen Umfange, also ohne Berücksichtigung der Beteiligung der erwerbenden Mitberechtigten an der Gemeinschaft, zu erfolgen hatte. Die Anwendung des jetzigen Rechts auf frühere vor dem Inkrafttreten dieser Ordnung liegende Fälle ist aber auf die Tatbestände des § 7 und § 26 Abs. 1 Ziff. 1—3, 5 und 6 beschränkt, abgesehen davon, daß § 21 bei einer Regelung der Weiterveräußerung voraussetzt, daß die gleiche Bestimmung auch bei der vorangegangenen Versteuerung des Übergangs des Grundstücks von der Gesamthand auf den oder die einzelnen Gesamthänder Anwendung gefunden hat. Auch wirtschaftlich würde es zu einem unhaltbaren Ergebnis führen, wollte man die erwerbenden Mitberechtigten im Falle der Weiterveräußerung des Grundstücks gemäß § 21 besteuern, obwohl entsprechend der bisherigen gesetzlichen Regelung die ihnen am Tage der Auseinandersetzung zustehenden Anteile am Grundstück bereits seinerzeit mitversteuert worden sind. § 21 ist daher im Fall der Weiterveräußerung **nicht** anzuwenden, wenn die Auseinandersetzung in der Zeit vor dem 1. April 1929 stattgefunden hat. An diesem Ergebnis ändert sich auch nichts, wenn seinerzeit bei der Besteuerung der Auseinandersetzung mit Rücksicht auf vorliegende Härten aus Billigkeitsgründen eine der Besteuerung nach § 21 entsprechende Ermäßigung gewährt worden ist.

(4) Vorstehendes gilt entsprechend für den Fall des Grundstückserwerbs durch die Gesamthandsgemeinschaft von einem oder mehreren Mitberechtigten.

Zu § 23.

45. **Steuersatz.**

(1) Seit Einführung des Nachtrags vom 10. Juni 1931 enthält die Steuerordnung für alle Arten des Besitzes — Altbesitz (Erwerb des Grundstücks vor dem 1. Januar 1919), Inflationsbesitz (Erwerb in der Zeit vom 1. Januar 1919 bis 31. Dezember 1924), Neubesitz (Erwerb nach dem 31. Dezember 1924) — eine einheitliche Steuerstaffel (§ 23 Abs. 1 Ziff. 2). Bei längerer Besitzzeit tritt

eine Ermäßigung, bei kurzer Besitzzeit eine Erhöhung ein, jedoch darf die Steuer nie mehr als 30% des Wertzuwachses betragen. Wegen der Berechnung der Besitzzeit vgl. Ausführungsbestimmungen Ziff. 32.

(2) Die Bestimmung des Abs. 3, wonach der Steuersatz sich für das siebente und jedes vollendete weitere Jahr um 1/2 v. H. ermäßigt, ist so zu verstehen, daß die Ermäßigung erstmalig mit der **Vollendung** des siebenten Besitzjahres eintritt und 1/2% des Steuer**satzes** beträgt, während die Erhöhung bei einer Besitzdauer bis zu 5 Jahren vom Steuer**betrag** zu berechnen ist. Bei dem niedrigsten Steuersatz von 10% des Wertzuwachses kommt also nach vollendeten 26 Jahren (jährlich 1/2% des Wertzuwachses vom vollendeten siebenten Jahr ab) und bei dem höchsten Steuersatz von 30% nach vollendeten 66 Jahren die Steuer in Fortfall.

(3) Ist gemäß § 14 Abs. 3 an Stelle des Erwerbspreises der gemeine Wert vom 1. Januar 1900 in die Berechnung eingesetzt, so ist zur Ermittlung der Steuerermäßigung nur die Zeit vom 1. Januar 1900 bis zum Zeitpunkt der Veräußerung[43a]) maßgebend.

(4) In den Fällen, in denen die Teilstücke eines im ganzen veräußerten Grundstücks zu verschiedenen Zeiten erworben worden sind, errechnet sich die Erhöhung des Abs. 2 und die Ermäßigung des Abs. 3 in der Weise, daß der Wertzuwachs und die Steuer nach Abs. 1 Ziff. 2 (Steuerrohbetrag) für das jetzt veräußerte Gesamtgrundstück zunächst einheitlich ermittelt werden und alsdann der Steuerrohbetrag zum Zwecke der Vornahme der Erhöhung nach Abs. 2 oder der Ermäßigung nach Abs. 3 auf die einzelnen Teilstücke verteilt wird. Der Verteilungsmaßstab entspricht dem Verhältnis der Beträge, die sich für die einzelnen Teilstücke als Steuerrohbeträge ergeben würden, falls sie getrennt veräußert worden wären[43]).

(5) Eine Steuertabelle ist als Anlage 2 beigefügt.

46. Steuervergünstigung für Kriegsbeschädigte.

Zur Anwendung der Vergünstigung wird — anders als bei den Auslandsdeutschen (§ 7 Ziff. 11 der StO.) — hier lediglich gefordert, daß der Veräußerungspreis mit Rücksicht auf die Person des Erwerbers wesentlich niedriger als sonst üblich festgesetzt ist. Bei der Feststellung der Senkung ist nicht engherzig zu verfahren. Die Voraussetzungen der Vergünstigung sind bereits als vorliegend zu erachten, wenn überhaupt eine Senkung gegenüber dem Normalpreis für das Grundstück festzustellen ist. Die Steuer soll dann bis zu 50% um den Betrag ermäßigt werden, um den der Preis gesenkt worden ist.

47. Abrundung.

Unter Abrundung im Sinne dieser Bestimmung ist Abrundung nach **unten** zu verstehen.

---

[43]) Sächs. OVG. v. 26. 9. 12; Pr. OVG. v. 23. 1. 14 (Amtl. Mitt. 1912 S. 139 und 1914 S. 134).

[43a]) OVG. vom 16. 10. 31 — VII C 7731 (Rundschreiben des Oberbürgermeisters HStB. vom 25. 5. 32).

Zu § 24.

48. Steuerschuldner (§ 24 Abs. 1).

(1) Der Zusatz, wonach der bisherige Eigentümer Steuerschuldner ist, falls ein Veräußerer nicht vorhanden ist, dient der rechtlichen Klarstellung, da es in den Fällen, in denen ein schuldrechtliches Veräußerungsgeschäft dem Eigentumsübergang nicht vorangegangen ist (§ 2 Buchst. b der Steuerordnung; Zwangsversteigerung, Enteignung, Ersitzung u. a.), an einem Veräußerer im engeren Sinne fehlt.

(2) Die Vorschrift der Steuerordnung, wonach mehrere Steuerpflichtige als Gesamtschuldner haften, hat praktische Bedeutung lediglich bei Gesamthandsverhältnissen (z. B. Erbengemeinschaft, offene Handelsgesellschaft). In diesen Fällen ist jeder der Gesamthänder zum gesamten Steuerbetrag heranzuziehen. Andererseits befreit die Zahlung des Gesamtbetrages durch einen der Veranlagten die übrigen.

(3) Keine gesamtschuldnerische Haftung besteht, wenn als Steuerpflichtige mehrere zu ideellen Bruchteilen am veräußerten Grundstück Beteiligte in Frage kommen. Solche Steuerpflichtige sind nur zu einem ihrem Anteil entsprechenden Steuerbetrage heranzuziehen.

49. Die Wertzuwachssteuer im Konkurse.

(1) Für die Geltendmachung der Steuerforderung im Konkurse ist zu beachten, daß der Konkursverwalter nicht Vertreter des Gemeinschuldners ist[44], sondern in Ausübung eines ihm gesetzlich obliegenden Amtes und der daraus entspringenden Verfügungsbefugnis handelt. Auch im Konkursverfahren behält der Gemeinschuldner das Eigentum an den zur Konkursmasse gehörigen Grundstücken, er verliert nur die Befugnis, darüber zu verfügen[45]. Er bleibt also Steuerschuldner. Nur soweit die Konkursmasse für die Steuer haftet, ist die Veranlagung dem Konkursverwalter zuzustellen. Im einzelnen gilt folgendes:

(2) Ist die Fälligkeit der Steuerforderung früher als ein Jahr vor der Konkurseröffnung eingetreten, so ist die Steuerforderung eine gewöhnliche Konkursforderung (§ 61 Ziff. 6 KO.).

(3) Ist die Steuer innerhalb eines Jahres vor der Konkurseröffnung fällig geworden, so ist die Steuerforderung bevorrechtigt (§ 61 Ziff. 2 KO.).

(4) Ist die Veranlagung zwar vor der Konkurseröffnung dem Steuerschuldner — späteren Gemeinschuldner — zugestellt worden, die Fälligkeit jedoch erst nach der Konkurseröffnung eingetreten, so gilt § 65 Abs. 1 KO., d. h. die Steuerforderung kann als bevorrechtigte Konkursforderung angemeldet werden.

(5) Ist die Steuerforderung vor der Konkurseröffnung entstanden, der Steuerschuldner jedoch bis zur Konkurseröffnung noch nicht herangezogen worden, so ist die Veranlagung an den Gemeinschuldner zu richten und aus Zweckmäßigkeitsgründen (rechtzeitige Einlegung von Rechtsmitteln) diesem und dem Konkursverwalter

---

[44]) OVG. v. 12. 1. 11 (Bd. 58 S. 141).
[45]) OVG. v. 27. 3. 14 (Bd. 67 S. 29).

zuzustellen. Die Steuerforderung ist nach § 61 Ziff. 2 in Verbindung mit § 65 Abs. 1 KO. als bevorrechtigte Konkursforderung anzumelden.

(6) Wird das Grundstück während des Konkursverfahrens vom Konkursverwalter gemäß § 114 KO. freigegeben und dann vom Gemeinschuldner veräußert, so richtet sich die Zuwachssteuerforderung nicht gegen die Konkursmasse, sondern ist aus dem konkursfreien Vermögen des Gemeinschuldners zu entrichten. Demzufolge ist die Veranlagung allein dem Gemeinschuldner zuzustellen.

(7) Veräußert der Konkursverwalter das zur Konkursmasse gehörige Grundstück freihändig oder gemäß § 126 KO. oder tritt er einer von einem Absonderungsberechtigten gemäß § 47 KO. betriebenen Zwangsversteigerung bei, so haftet für die Steuerforderung die Konkursmasse. Zweifelhaft ist, ob die Steuerforderung zu den Massekosten im Sinne des § 58 Ziff. 2 KO. oder zu den Masseschulden im Sinne des § 59 Abs. 1 KO. zu rechnen ist. Diese Frage kann jedoch dahingestellt bleiben, da in jedem Fall der Konkursverwalter zu veranlagen und zur Vorwegbefriedigung der Steuerforderung verpflichtet ist.

(8) Betreibt ein Absonderungsberechtigter gemäß § 47 KO. die Zwangsversteigerung eines zur Konkursmasse gehörigen Grundstücks, so haftet für die Zuwachssteuerforderung die Konkursmasse nicht, selbst wenn ihr ein Überschuß zugeflossen ist. Steuerschuldner ist allein der Gemeinschuldner. Nur diesem, nicht dem Konkursverwalter, ist daher die Veranlagung zuzustellen[46].

50. Die Haftung des Erwerbers. Materielles Recht. (§ 24 Abs. 2).

(1) Die Haftung des Erwerbers als Zweitschuldner hat für den Fall, daß er die Zahlung der Steuer vertraglich gegenüber dem Veräußerer übernommen hat, nur sekundäre Bedeutung, da der Erwerber solchenfalls sogleich unmittelbar herangezogen werden kann.

(2) Die Haftung des Erwerbers ist auf den Betrag von 25% des Veräußerungspreises beschränkt, wobei als Veräußerungspreis lediglich der reine schuldrechtliche Veräußerungspreis zu gelten hat. Hinzu- und Abrechnungen beim Preise, die nach der Steuerordnung zur Berechnung der vom Veräußerer zu entrichtenden Steuer vorzunehmen sind — z. B. Vermittlungsgebühr, halbe Grunderwerbssteuer, Zuwachssteuer — haben daher außer Betracht zu bleiben.

(3) Da die Inanspruchnahme des Erwerbers voraussetzt, daß die Steuer vom Veräußerer nicht beigetrieben werden kann, ergibt sich die Abhängigkeit des Anspruchs gegen den Erwerber von der Höhe der Steuerforderung, wie sie nach den Vorschriften der Steuerordnung gegen den Veräußerer festgesetzt worden ist. Infolgedessen darf der Steueranspruch gegen den Erwerber niemals höher sein, als er gegenüber dem Veräußerer geltend gemacht worden ist. Eine Heranziehung des Erwerbers über den durch rechtskräftige Entscheidung gegenüber dem Veräußerer festgelegten

[46]) OVG. v. 21. 11. 30 — VII C 81/30 — (Bd. 87 S. 170).

Steuerbetrag hinaus ist nur unter der Voraussetzung zulässig, daß der Mehrbetrag im Wege der Nachveranlagung vom Veräußerer verlangt werden könnte[47]. Auch in diesem Fall unterliegt jedoch der Steueranspruch gegen den Erwerber der allgemeinen Beschränkung auf 25% des Veräußerungspreises.

(4) Die Inanspruchnahme des Erwerbers setzt nicht voraus, daß die Steuerforderung gegenüber dem Veräußerer zuvor Rechtskraft erlangt hat. Auch wenn das Rechtsmittelverfahren im Anschluß an die Veranlagung des Veräußerers noch nicht beendet ist, ist es zulässig — und infolge der befristeten Haftung des Erwerbers u. U. erforderlich —, beim Vorliegen der übrigen Voraussetzungen den Erwerber heranzuziehen.

(5) Zu diesen Voraussetzungen für die Heranziehung des Erwerbers hat der Nachtrag vom 10. Juni 1931 die wichtige Einschränkung hinzugefügt, daß diese Haftung zwei Jahre nach der Eintragung der Eigentumsänderung im Grundbuch erlischt. Nach dem Wortlaut der Steuerordnung beginnt diese Frist in allen Fällen mit dem Zeitpunkt der grundbuchlichen Eintragung des Eigentumswechsels ohne Rücksicht darauf, ob sich der Eigentumsübergang etwa bereits außerhalb des Grundbuchs vollendet hat. Die zeitliche Beschränkung der Haftung entfällt daher, wenn eine grundbuchliche Umschreibung von den Beteiligten nicht herbeigeführt worden ist (z. B. bei der Übertragung des wirtschaftlichen Eigentums) oder nicht herbeigeführt werden kann (z. B. bei der Veräußerung von Aktien oder G. m. b. H.-Anteilen).

(6) Über das Vorliegen der Voraussetzungen für die Haftung des Erwerbers selbst entscheidet im übrigen das pflichtgemäße Ermessen der Steuerbehörde. Nach wiederholten höchstinstanzlichen Entscheidungen bedarf es zur Begründung der Erwerberhaftung nicht in jedem Fall der Erschöpfung aller Beitreibungsmaßnahmen. So braucht die Steuerbehörde vor der Heranziehung des Erwerbers z. B. nicht einen seinem Erfolg nach ungewissen, unter Umständen langwierigen Anfechtungsprozeß gegen den Veräußerer durchzuführen oder, obwohl feststeht, daß Vermögen nicht vorhanden ist, die Zwangsvollstreckung bis zum Offenbarungseid zu treiben. Andererseits reicht etwa die Feststellung, daß der Veräußerer nach einem Staate ausgewandert ist, mit dem ein Vertrag über Rechtshilfegewährung in Steuersachen nicht besteht, allein nicht aus, um die Heranziehung des Erwerbers zu rechtfertigen[48]. Es müssen daher, namentlich bei Ausländern, vor der Heranziehung des Erwerbers die Erhebungen über den Vermögensstand des Veräußerers so ausgestaltet werden, daß keine Unklarheiten in dieser Richtung mehr bestehen. In diesen Fällen ist bei den zuständigen Finanzämtern wegen etwa vorhandenen Inlandsvermögens Nachfrage zu halten.

(7) Wesentlich beeinflußt wird das pflichtmäßige Ermessen der Steuerbehörde durch den Umstand, daß die Rechtsprechung in gewissen Fällen eine Verwirkung des Anspruchs gegen den Erwerber festgestellt hat, so z. B. wenn die Steuerbehörde die Beitreibung

[47]) OVG v. 29. 6. 28 — VII C 123/27.
[48]) OVG. v. 4. 11 27 (R. u. Pr. VerwBl. Jahrg. 49. S 586.

beim Hauptschuldner durch ungenügende Maßnahmen selbst verzögert oder vereitelt und so durch ihr Verhalten die vom Gesetz bestimmten Voraussetzungen der Erwerberhaftung schuldhaft herbeiführt[49]).

51. **Die Haftung des Erwerbers. Verfahren.**

(1) Um eine Verwirkung des Steueranspruchs gegen den Erwerber vor allem aus zeitlichen Gründen (§ 24 Abs. 2 Satz 2) zu vermeiden, ist die Veranlagung des Veräußerers so weitgehend zu beschleunigen, wie es sich mit einer ordnungsmäßigen Durchführung des Veranlagungsverfahrens vereinbaren läßt. Insbesondere sind Stundungen nur in einem solchen Ausmaß zuzubilligen, daß die Heranziehung des Erwerbers als Zweithaftenden innerhalb der Zweijahresfrist gewährleistet ist. Zur Vermeidung von Steuerausfällen ist ferner ein enges Zusammenarbeiten zwischen der Veranlagungsstelle (Steueramt) und der Einziehungsstelle (Steuerkasse) unerläßlich; insbesondere ist dieser bei Übermittlung des Steuersolls mitzuteilen, ob, wann und in welcher Höhe Restkaufgelder fällig werden, aus denen bei Nichtzahlung der Steuer innerhalb der gesetzlichen Frist die Steuerforderung gedeckt werden kann.

(2) Um dem Einwand des Erwerbers, daß bei der Einziehung der Steuer gegenüber dem Veräußerer nicht ordnungsmäßig verfahren sei, zu begegnen, ist der Erwerber in gewissem Umfange über den Verlauf der Einziehungsmaßnahmen beim Hauptschuldner zu unterrichten. Auf diese Weise wird vor allem der weitere Einwand des Erwerbers entkräftet, daß er nicht rechtzeitig von der Nichtzahlung der Steuer durch den Veräußerer Kenntnis erhalten habe. Im einzelnen ist wie folgt zu verfahren:

(3) Im Bescheid über die vorläufige Grunderwerbssteuer ist der Erwerber darauf hinzuweisen, daß er bis zur Gesamthöhe von 25% des Veräußerungspreises für die Wertzuwachssteuer haftet, wenn diese vom Veräußerer nicht beigetrieben werden kann.

(4) Bereits bei der Sollstellung teilt das Steueramt der Steuerkasse die Anschrift des neben dem Steuerschuldner Haftenden mit, die von der Steuerkasse unter dem Namen des Steuerschuldners im Sollbuch vermerkt wird.

(5) Sobald der Steuerschuldner bei Fälligkeit die Wertzuwachssteuer nicht zahlt und Mahnung und Zwangsbeitreibung nicht sogleich zum Erfolge führen, oder falls der Veräußerer Stundung der Steuer von mehr als einem Monat beantragt, ist ihm von der Steuerkasse mitzuteilen, daß der Erwerber von der Sachlage benachrichtigt wird, wenn nicht innerhalb einer Woche die fällige Zahlung erfolgt.

(6) Falls der Veräußerer auf diese Mitteilung nicht zahlt, weist die Steuerkasse im Falle des fruchtlosen Beitreibungsversuchs den Erwerber auf diese Tatsache hin und teilt ihm mit, daß das Verfahren nach pflichtmäßigem Ermessen zunächst gegenüber dem Veräußerer weiter durchgeführt werden werde, daß aber der Rückgriff auf den Erwerber vorbehalten bleibe, falls die Einziehungsmaßnahmen beim Veräußerer nicht zum Erfolge führen. In diesem

[49]) OVG. v. 25. 1. 29 — VII C 77/28 — (Bd. 82 S. 83).

Schreiben ist dem Erwerber nochmals besonders anzugeben, bis zu welcher Höhe er für den Steuerbetrag haftet.

(7) Von wichtigen Vorgängen und Ermittlungen im Einziehungsverfahren gegen den Veräußerer — z. B. langfristige Stundung oder Gewährung von Teilzahlungen, unbekannter Verzug, Feststellung der Zahlungsunfähigkeit usw. — ist der Erwerber unverzüglich zu unterrichten.

(8) Sind die Beitreibungsmaßnahmen gegen den Veräußerer erschöpft oder ohne Erfolg geblieben oder ist nach dem pflichtmäßigen Ermessen der Steuerkasse mit einer Beitreibbarkeit nicht mehr zu rechnen, so ist dem Steueramt unverzüglich Mitteilung zu machen, damit der Erwerber veranlagt werden kann.

(9) Mit dieser Regelung ist den berechtigten Interessen des Erwerbers Rechnung getragen. Die mehrfach wiederkehrende Forderung, dem Erwerber bereits vor seiner Heranziehung die Höhe des Steuerbetrages, zu dem der Veräußerer veranlagt worden ist, mitzuteilen, geht über das Ziel, den Erwerber auf den evtl. Eintritt seiner Haftpflicht hinzuweisen, hinaus. Ihr darf daher nur dann entsprochen werden, wenn der Veräußerer hierzu seine Zustimmung erteilt hat (§ 80 KAG.). Im übrigen muß es genügen, wenn der Erwerber über den Stand der Einziehung beim Veräußerer und insonderheit über die Höhe seiner Haftsumme jeweils unterrichtet wird.

(10) Wird der Erwerber infolge der Unbeitreibbarkeit der Steuer beim Veräußerer selbst Steuerschuldner, so erfolgt seine Heranziehung in einem besonderen Heranziehungsverfahren auf Grund eines förmlichen Steuerbescheides, in dem nunmehr die Angaben über die Verhältnisse des Steuerpflichtigen, soweit sie die Steuer betreffen, offenbart werden. In diesem Heranziehungsverfahren stehen dem Erwerber alle Einwendungen des Hauptschuldners gegen die Steuerforderung zu. Bei der Heranziehung des Erwerbers ist im Veranlagungsbescheid zu vermerken, daß sie auf Grund der Haftung erfolge, da die Steuer vom Veräußerer nicht beigetrieben werden könne. Erreicht der Höchstbetrag der Haftsumme von 25% des Veräußerungspreises nicht die Steuerforderung, so ist als Heranziehungsbetrag nur der Betrag der Haftsumme aufzuführen; denn dieser Betrag stellt die Steuer des Zweithaftenden dar. Entsprechend ist, wenn vom Veräußerer schon Zahlungen auf die Steuerschuld geleistet worden sind, durch die der Höchstbetrag von 25% des Veräußerungspreises unterschritten wird, nur der verbleibende Steuerrest als Heranziehungsbetrag des Erwerbers einzusetzen [50]).

52. Vorbeugende Maßnahme des Erwerbers.

(1) Hat der Erwerber, der die Zahlung der Zuwachssteuer nicht übernommen hat, auf Grund des Vertrages eine größere Barzahlung zu leisten, so schützt er sich gegen eine Heranziehung auf Grund seiner gesetzlichen Haftung am zweckmäßigsten durch Hinterlegung eines Teils des Kaufpreises beim Notar mit der Bestimmung, daß die Auszahlung dieses Betrages an den Verkäufer

[50]) OVG. v. 1. 5. 30 — VII C 5/30.

erst erfolgen darf, wenn dieser den Nachweis führt, daß die Steuerforderung durch Zahlung erloschen ist.

(2) Wird nach Veranlagung des Veräußerers aus einem so hinterlegten Betrag an die Steuerkasse Zahlung geleistet, so handelt es sich um eine Zahlung des Veräußerers. Reicht daher der hinterlegte bzw. gezahlte Betrag zur Deckung der Steuerforderung nicht aus und liegen im übrigen die Voraussetzungen zu einer Heranziehung des Erwerbers auf Grund seiner Haftung vor, so ist die Steuerbehörde berechtigt, den Erwerber wegen des Differenzbetrages — innerhalb der Grenze von 25% des Veräußerungspreises — heranzuziehen, selbst wenn der aus der Hinterlegung gezahlte Betrag an sich bereits die Grenze von 25% des Veräußerungspreises erreicht oder überschritten hat.

53. Der Erwerber als Steuerschuldner (§ 24 Abs. 3).

(1) Hat der Erwerber die Zahlung der Steuer vertraglich gegenüber dem Veräußerer übernommen, so haftet er nicht nur im Rahmen des § 24 Abs. 2, sondern ist von vornherein Schuldner der vollen Steuer. Ob Veräußerer und Erwerber zusammen oder welcher von beiden allein zur Steuer heranzuziehen sind, ist dem Ermessen der Steuerbehörde überlassen. Bei Zahlung der Steuer durch einen der beiden erlischt jeder Steueranspruch gegenüber dem andern. In der Regel wird es sich empfehlen, sofort und unmittelbar den privatrechtlich verpflichteten Erwerber heranzuziehen. Dies hindert jedoch nicht, bei besonderen Schwierigkeiten — z. B. bei umfangreichen Aufwendungen — die Grundlagen der Veranlagung zuvor im Einvernehmen mit dem Veräußerer zu klären.

(2) Entsprechendes gilt, wenn der Erwerber nur einen Teil der Steuer übernommen hat. Es bleibt auch hier dem Ermessen der Steuerbehörde überlassen, ob sie unmittelbar und sogleich den Erwerber wegen des von ihm übernommenen Steuerteils heranzieht und den Veräußerer wegen des Restbetrages, oder ob sie den letzteren zur vollen Steuer veranlagt und daneben noch den Erwerber hinsichtlich des übernommenen Teiles in Anspruch nimmt.

54. Sonderstellung der Körperschaften des öffentlichen Rechts.

Nach § 6 Abs. 1 der Steuerordnung sind das Deutsche Reich, der Preußische Staat und die Stadtgemeinde Berlin von der Steuerpflicht befreit. Ihre Heranziehung als Erwerber im Falle der freiwilligen Übernahme der Steuer nach § 24 Abs. 3 ist daher unzulässig (vgl. AusfBest. Ziff. 8); sie haften lediglich im Rahmen von § 24 Abs. 2 (§ 6 Abs. 2 der Steuerordnung).

Zu § 25.

55. Die Baubergünstigung. Allgemeines.

Die Bauvergünstigung findet nicht allein bei der Erbauung von Wohnhäusern sondern auch bei Errichtung von gewerblichen Zwecken dienenden Häusern Anwendung. Sie wird ferner ebenso wie bei Veräußerung eines unbebauten Grundstücks bei Veräußerung eines bebauten Grundstücks gewährt, wenn dieses zum Zwecke des Abrisses und der Wiederbebauung veräußert worden ist. Auch macht es keinen Unterschied, ob der erste oder ein späterer Erwerber die Bauten errichtet hat, wenn nur die zweijährige Frist zur Durchführung der Bebauung, gerechnet vom Zeitpunkt der ersten Veräußerung, gewahrt ist. Eine weitere Erleichterung bildet die durch den Nachtrag vom 10. Juni 1931 eingeführte Änderung, wonach nicht mehr die Gebrauchsabnahme, sondern nur noch die Rohbauabnahme des Gebäudes innerhalb des vorgeschriebenen Zeitraumes gefordert wird. Der Klarstellung des Verhältnisses zwischen Grundstücksgröße und Umfang der Baulichkeiten dient die Bestimmung, wonach als zur Bebauung gehöriger Teil des Grundstücks außer dem mit der Baulichkeit besetzten Teil noch das Vierfache der bebauten Fläche rechnet, mindestens aber eine als Hof oder Hausgarten genutzte Fläche bis zu 2000 qm.

56. Die Bebauungsabsicht.

(1) Erste Voraussetzung für die Anwendung des § 25 ist, daß das unbebaute Grundstück zum Zwecke der Bebauung bzw. das bebaute Grundstück zum Zwecke des Abrisses und der Wiederbebauung veräußert worden ist und die Absicht der Bebauung bzw. der Wiederbebauung bereits zur Zeit des Kaufabschlusses besteht. Andernfalls kann § 25 überhaupt nicht Anwendung finden.

(2) Der Nachweis der Bebauungsabsicht gilt ohne weiteres als erbracht, wenn im Kaufvertrag selbst eine entsprechende Abrede Aufnahme gefunden hat[51]). Sieht der Kaufvertrag etwas derartiges nicht vor, so kann die Vergünstigung nur gewährt werden, wenn in anderer Weise — etwa durch Vorlegung des Schriftwechsels über die Aufstellung von Bauplänen oder die Beschaffung der Baugelder, soweit sich dieser zeitlich an den Kaufabschluß anschließt — nachgewiesen wird, daß das Grundstück zum Zwecke der Bebauung bzw. des Abrisses und der Wiederbebauung veräußert worden ist.

(3) Ein Erwerb zum Zwecke der Bebauung ist auch dann anzunehmen, wenn ein unbebautes Grundstück veräußert worden ist, das selbst nicht bebaut wird, aber zu einem schon vorhandenen Grundstück hinzugekauft werden mußte, um die geplante Bebauung des Stammgrundstücks zu ermöglichen. Voraussetzung ist hierbei, daß der Zukauf aus baupolizeilichen Gründen und im Rahmen eines einheitlichen Bauvorhabens unerläßlich war, z. B. zur Errichtung einer Fabrik oder eines Warenhauses auf dem Stammgrundstück, das infolge baupolizeilicher Beschränkungen ohne den Hinzuerwerb des zweiten Grundstücks nicht in der beabsichtigten Weise baulich ausgenutzt werden kann. Dieser erweiterte, aus einer wirtschaftlichen Betrachtungsweise hervorgehende Standpunkt ist jedoch auf den Fall beschränkt, daß der Erwerb mit Rücksicht auf die baupolizeilichen Bestimmungen für die Bebauung des Stammgrundstücks unbedingt erforderlich war. Hieraus folgt, daß der Hinzuerwerb als zum Zwecke der Bebauung vorgenommen nur in dem räumlichen Umfange gelten kann, zu dem er behufs Erfüllung der für die Bebauung des ursprünglichen Geländes gesetzten baupolizeilichen

[51]) OVG. v. 20. 2. 31 — VII C 175/30 — (Bd. 87 S. 165).

Bedingungen erfolgen mußte[52]). War daher der Hinzuerwerb z. B. nur hinsichtlich eines Grundstücks **teiles** notwendig, so kann eine Anwendung des § 25 auch nur für den Grundstücks **teil** in Frage kommen, der erforderlich war, um eine Bebauungsmöglichkeit des Einheitsgrundstücks zu schaffen.

(4) Diese Regelung gilt sinngemäß, wenn sich ein auf dem Stammgrundstück ausgeführter Erweiterungsbau auf das hinzuerworbene Grundstück mit erstreckt, ohne daß dessen völlige Bebauung im Sinne von § 25 Abs. 4 dadurch herbeigeführt wird.

(5) Die ernsthafte Absicht der Bebauung muß auch nach dem Grundstückserwerb fortbestehen und glaubhaft gemacht werden können (Vorlegung von Bauplänen u. a.). Die Steuerbehörde hat zu diesem Zweck in regelmäßigen, den jeweiligen Verhältnissen entsprechenden Abständen Prüfungen vorzunehmen. Diese laufende Überwachung der Bauarbeiten ist schon mit Rücksicht auf die befristete Haftung des Erwerbers (vgl. AusfBest. Ziff. 50 Abs. 5) geboten.

57. **Art der Baulichkeit.** (§ 25 Abs. 3.)

(1) Es war die Absicht des Gesetzgebers, mit der Vergünstigung der Arbeitsbeschaffung zu dienen und die Bautätigkeit allgemein zu fördern. Die Vergünstigung findet danach Anwendung auf Wohnungsbauten, auf den Bau von Häusern, die gewerblichen Zwecken dienen, ferner bei Errichtung solcher Baulichkeiten, durch die beiden Zwecken entsprochen wird, endlich auch auf die in der Ordnung nicht besonders erwähnten sog. Zweckbauten, wie Schulen, Krankenhäuser, Kirchen, Postgebäude u. a.

(2) Voraussetzung ist nur, daß es sich um massive Baulichkeiten handelt, die zum dauernden Gebrauch bestimmt sind und sich als normale Ausnutzung der baulichen Ausnutzbarkeit des Grundstücks darstellen. Ausgeschlossen von der Vergünstigung sind dagegen Baulichkeiten von geringem Umfange und vorübergehender Natur.

(3) Für die Entscheidung der Frage, ob es sich um ein Haus im Sinne des § 25 handelt, sind allein die Begriffsbestimmungen im Abs. 3 maßgebend. Da aber das Gesetz die baupolizeiliche Rohbauabnahme als eine zwingende Voraussetzung für die Anwendung der Vergünstigung vorschreibt, so folgt daraus, daß nur im Falle ihrer fristgemäßen Erteilung die Vergünstigung gewährt werden kann. Hat also der Erbauer gegen baupolizeiliche Vorschriften verstoßen und wird ihm aus diesem Grunde der Rohbauabnahmeschein vorenthalten, so ist selbst beim Vorliegen aller übrigen Voraussetzungen des § 25 die Steuer nicht zu ermäßigen (Einschränkung des wilden Bauens).

(4) Andererseits genügt die Anerkennung der Baulichkeit als Haus durch die Baupolizei nicht allein und in jedem Fall zur Gewährung der Vergünstigung. Die Entscheidung der Baupolizei über den Charakter der geplanten oder ausgeführten Baulichkeit kann beim Fehlen einer der maßgebenden Voraussetzungen des Abs. 3 des § 25 nur richtunggebend, nicht von ausschlaggebender Bedeutung

---

[52]) OVG. v. 20. 2. 31 — VII C 175/30 — (Bd. 87 S. 165) und OVG. v. 27. 3. 31. — VII C 177/30 —.

sein, da es sich bei ihnen nicht um Entscheidungen auf der Grundlage der Wertzuwachssteuerordnung, sondern der Baupolizeigesetze handelt, die u. U. eine wesentlich anders gerichtete Berücksichtigung des öffentlichen Interesses vorschreiben als die Steuerordnung.

(5) Wenn gefordert wird, daß die errichtete Baulichkeit massiv und zum dauernden Gebrauch bestimmt sein muß, so kommt es hierbei nicht allein auf das Material an — auch Häuser aus Holz können massiv in diesem Sinne sein —, sondern darauf, daß die Baulichkeit dauernden Zwecken dienen soll und nach der Art ihrer Ausführung auch dienen kann. So ist eine Baulichkeit nicht zu den Häusern im Sinne des § 25 zu rechnen, obwohl sie fundamentiert, teilweise unterkellert und heizbar ist, wenn sie nach Grundriß, Größe und Art ihrer Ausführung als nur zum zeitweiligen vorübergehenden Aufenthalt bestimmt erachtet werden kann (Gartenhäuschen mit einem Aufenthaltsraum, einem Abstellraum, einem Geräteraum und einer offenen Veranda).

(6) Die im Abs. 3 aufgeführten Einzelfälle, denen die Vergünstigung nicht zuerkannt werden soll (Wohnlauben, Wochenendhäuser, Wohn- und Bürobaracken, Fabrikschuppen, Garagen u. a.), sind lediglich beispielsweise erwähnt und nur in Verbindung mit dem Vorgesagten auszulegen. So sollen insbesondere Garagenbauten nicht ausnahmslos von der Vergünstigung ausgeschlossen sein. Handelt es sich bei ihnen um massive Zweckbauten, die im Rahmen ihrer Bestimmung die Grundstücksfläche voll ausnutzen, so kommt ihnen als Häuser, die gewerblichen Zwecken dienen, ebenfalls die Vergünstigung zu.

58. Bauliche Ausnutzung.

(1) Die Baulichkeit muß sich als normale Ausnutzung der baulichen Ausnutzbarkeit des Grundstücks darstellen.

(2) Für den Begriff der baulichen Ausnutzbarkeit sind die Bestimmungen der städtischen Bauordnung vom 9. November 1929 — Amtsblatt der Stadt Berlin von 1929 S. 1188 ff. — maßgebend. § 7 der Bauordnung bestimmt das Höchstmaß der baulichen Ausnutzbarkeit eines Grundstücks nach Bauklasse, Geschoßzahl und bebaubarer Grundstücksfläche. Das Gebiet der Stadtgemeinde ist in fünf Bauklassen geteilt. Es beträgt die bebaubare Grundstücksfläche:

in Bauklasse	I	bis zu	2	Vollgeschossen nicht mehr als	1/10	der Baugrundstücksfläche
in Bauklasse	II	bis zu	2	Vollgeschossen nicht mehr als	2/10	der Baugrundstücksfläche
in Bauklasse	IIa	bis zu	2	Vollgeschossen nicht mehr als	3/10	der Baugrundstücksfläche
in Bauklasse	III	bis zu	3	Vollgeschossen nicht mehr als	3/10	der Baugrundstücksfläche
in Bauklasse	IIIa	bis zu	3	Vollgeschossen nicht mehr als	4/10	der Baugrundstücksfläche
in Bauklasse	IV	bis zu	4	Vollgeschossen nicht mehr als	4/10	der Baugrundstücksfläche
in Bauklasse	IVa	bis zu	4	Vollgeschossen nicht mehr als	5/10	der Baugrundstücksfläche
in Bauklasse	V	bis zu	5	Vollgeschossen nicht mehr als	5/10	der Baugrundstücksfläche
in Bauklasse	Va	bis zu	5	Vollgeschossen nicht mehr als	6/10	der Baugrundstücksfläche

(3) Innerhalb eines bestimmten Teiles der City von Berlin ist für Geschäfts-, Bürohäuser und Hotels bei 5 Vollgeschossen eine Ausnutzung von 7/10 der Baugrundstücksfläche zulässig. Bei Fabrikbauten dient der Ermittlung des Umfanges der Bebauung die Bau-

masse des Grundstücks. Die zulässige Baumasse beträgt im Gebiet der fünfgeschossigen Bauweise 12 cbm je Quadratmeter der Fläche des Baugrundstücks, in allen übrigen Gebieten 8 cbm (§ 31).

(4) Vorstehende Maße sind Höchstmaße für die bauliche Ausnutzbarkeit. Für die Anwendung der Vergünstigung ist nicht das Erreichen des jeweiligen Höchstmaßes, sondern das Vorliegen der normalen Ausnutzung dieser Ausnutzbarkeit gefordert. Es genügt also, wenn die Ausmaße des Hauses dem im betreffenden Ortsteil üblichen entsprechen. Die Bestimmung ist nicht eng auszulegen, namentlich nicht in Sonderfällen, wie bei Bebauung eines großen Geländes mit einem Fabrikgebäude, bei dem der Begriff der normalen Ausnutzung nur schwer allgemein festzulegen ist. Andererseits ist einer mißbräuchlichen Ausnutzung dieser Steuervergünstigung auf jeden Fall entgegenzuwirken. So ist ein Anspruch auf Ermäßigung in vollem Umfange z. B. unberechtigt bei Erstellung eines kleinen, nur drei Zimmer enthaltenden Häuschens auf einem großen, für Villenbebauung geeigneten und in dem Gebiet allgemein für diese Zwecke verwandten Gelände.

59. **Der als bebaute Fläche geltende Grundstücksteil.** (§ 25 Abs. 4.)

(1) Während hinsichtlich der Geschoßzahl der Begriff der normalen Ausnutzung nicht weiter umrissen ist, hat Abs. 4, soweit es sich um die Grundstücksfläche handelt, bestimmt, daß als zur Bebauung gehöriger Teil des Grundstücks das Fünffache der bebauten Fläche gilt, mindestens aber außer dem mit Baulichkeiten besetzten Teil eine als Hof oder Hausgarten benutzte Fläche bis zu 2000 qm. Umfaßt die gesamte Grundstücksfläche mehr als das Fünffache der mit Baulichkeiten besetzten Fläche bzw. mehr als 2000 qm außer der bebauten Fläche, so scheidet der über diese Quadratmeterzahl hinausgehende Teil der Grundstücksfläche für die Vergünstigung aus.

(2) Ähnlich liegt der Fall, wenn die auf dem Grundstück im Zeitpunkt der Veräußerung vorhandenen Baulichkeiten nur teilweise abgerissen und die Neubauten neben dem stehengebliebenen Teil des Altbaues errichtet werden. Hier beschränkt sich die Vergünstigung auf das Fünffache der von den Neubauten umschlossenen Fläche bzw. auf 2000 qm außer der Neubaufläche.

(3) Maßgeblich für die Berechnung der bebauten Grundstücksfläche im Sinne des Abs. 4 ist der Zustand des Grundstücks im Zeitpunkt der Veräußerung. Wird ein einheitliches Grundstück nach der Veräußerung in mehrere Parzellen zerlegt, die zum Teil bebaut werden, so ist für die Berechnung der Grundstücksfläche davon auszugehen, daß im Zeitpunkt der Veräußerung ein ungeteiltes Grundstück vorlag und die Berechnung der bebauten Fläche ist danach auf dieses Gesamtgrundstück zu beziehen. Umgekehrt ist die spätere Vereinigung zweier im Zeitpunkt der Veräußerung selbständigen Grundstücke bei der Berechnung der Grundstücksfläche nicht zu berücksichtigen.

(4) Die Bestimmung, daß als bebaut das Fünffache der bebauten Fläche anzusehen ist, führt, von den Fällen besonderer Baubeschränkungen abgesehen, bei den Bauten der Bauklasse I zu Härten, da nach der Bauordnung hier überhaupt nur $^1/_{10}$ der Gesamtfläche be-

baut werden darf. Demnach würden als bebaut im Sinne des Abs. 4 nur $^5/_{10}$, d. h. die Hälfte der Gesamtfläche anzusehen sein, mindestens allerdings 2000 qm zuzüglich der bebauten Fläche. Dem Steuerpflichtigen wird also bei der einen Hälfte des Grundstücks die Ermäßigung aus Gründen, die nicht in seiner Person, auch nicht in der Steuerordnung, sondern in einer anderen Gesetzesbestimmung liegen, verwehrt. In der Bauklasse II, die eine Bebauung von $^2/_{10}$ der Grundstücksfläche zuläßt, besteht eine derartige Benachteiligung des Steuerpflichtigen nicht mehr, da hier bei voller Ausnutzung der baulichen Ausnutzbarkeit der Fläche das ganze Grundstück als bebaut im Sinne der Steuerordnung ($5 \times {}^2/_{10} = {}^{10}/_{10}$) gilt. Um diese Härte auszuräumen, hat in den Fällen der Bauklasse I außer dem mit der Baulichkeit besetzten Teil noch das Neunfache der bebauten Fläche, mindestens aber die bebaute Fläche zuzüglich einer als Hof oder Hausgarten genutzten Fläche bis zu 2000 qm als bebaut zu gelten.

(5) In Fällen besonderer Baubeschränkungen auf Grund der Bauordnung ist sinngemäß zu verfahren.

60. Zweijahresfrist.

(1) Die zweijährige Frist ist eine Ausschlußfrist. Wird sie nicht innegehalten, so ist ohne Rücksicht auf die Gründe der Verzögerung der Rechtsanspruch auf Anwendung des § 25 verwirkt. Die Frist rechnet vom Zeitpunkt des Eintritts der Steuerpflicht beim erstmaligen Steuerfall, d. h. vom Zeitpunkt des Abschlusses des Kaufvertrages bzw. des an seine Stelle tretenden Rechtsvorganges betr. die erstmalige Veräußerung des Grundstücks zum Zwecke der Bebauung bis zum Zeitpunkt der Rohbauabnahme. Für den Normalfall bilden also die beiden Tatsachen — Kaufvertragsabschluß auf der einen und Rohbauabnahme auf der anderen Seite — die zeitliche Umgrenzung des Fristablaufs.

(2) Liegt die Rohbauabnahme nicht mehr innerhalb der Zweijahresfrist, so ist die Steuer auf Antrag aus Billigkeitsgründen zu ermäßigen, wenn die Verzögerung auf Umstände zurückzuführen ist, die der Bauherr nicht zu vertreten hat. Da die Steuerordnung nach Einführung des Nachtrages vom 10. Juni 1931 nur noch die Rohbauabnahme fordert (vgl. AusfBest. Ziff. 55), ist an den Begriff der unverschuldeten Verzögerung in diesem Zusammenhang ein strenger Maßstab zu legen. Verzögerungen, die nicht durch äußere Umstände bedingt waren, sondern in der Person und den wirtschaftlichen Verhältnissen des Bauherrn wurzeln, insbesondere Schwierigkeiten in der Finanzierung des geplanten Bauvorhabens, sind grundsätzlich nicht als unverschuldet anzuerkennen. Gedacht ist vielmehr nur an Verzögerungen, die bei der Erwirkung der Bauerlaubnis oder bei der Durchführung der Bebauung selbst eintreten. Hierzu zählen unerwartete Änderungen der Baufluchtlinien während oder nach der Einreichung des Antrages auf Erteilung der Bauerlaubnis, Herabzonung, unvermutbare Schwierigkeiten bei der Räumung durch Mieter bei Abrißbauten oder durch Kleingärtner, längere Streiks, langanhaltende außergewöhnliche Witterungsverhältnisse u. dgl.

(3) Auch diese Verzögerungen geben für eine Ermäßigung der Steuer aus Billigkeitsgründen keinen Anlaß, sofern bei Vorbereitung der Bebauung im unmittelbaren Anschluß an den Kauf des Grundstücks und bei ihrer weiteren Durchführung in ständiger Folge die Zweijahresfrist hätte eingehalten werden können. Hat der Erwerber z. B. erst ein Jahr seit Vertragsschluß die Bauerlaubnis nachgesucht und verhindert dann ein an sich unvermutbarer Umstand die rechtzeitige Fertigstellung des Rohbaues, so ist eine unverschuldete Verzögerung nicht anzuerkennen.

(4) Kann beim Erwerb eines größeren, im Zeitpunkt des Kaufs eine wirtschaftliche Einheit bildenden Geländes, dessen Bebauung in einzelnen Abschnitten vorgesehen ist, bei rechtzeitigem Beginn und normalem Fortschreiten der Bebauung (vgl. Abs. 3) die Rohbauabnahme des letzten Baublocks nicht innerhalb der Zweijahresfrist erwartet werden, so ist die Gewährung der Steuervergünstigung dennoch nicht ausgeschlossen; sie ist jedoch davon abhängig zu machen, daß jeder Baublock in einem angemessenen Zeitraum bezugsfertig hergestellt wird. Über die Angemessenheit ist bereits bei der Verhandlung über die Stundung der Steuer (vgl. AusfBest. Ziff. 64 Abs. 3) mit dem Pflichtigen ein Einverständnis herbeizuführen und ein Zeitpunkt für die Fertigstellung jedes Blocks festzusetzen. Nach bezugsfertiger Herstellung eines jeden Baublocks innerhalb des festgelegten Zeitabschnitts ist die Vergünstigung anteilmäßig zu gewähren, so daß nach der Fertigstellung des letzten Blocks in der festgesetzten Zeit die Vergünstigung im vollen Umfange gewährt worden ist. Verzögert sich die Errichtung eines Blocks über den vereinbarten Zeitabschnitt hinaus, ohne daß eine unverschuldete Verzögerung im Sinne des Abs. 2 vorliegt, so entfällt für diesen Block und die weiteren noch zu errichtenden Blocks die Vergünstigung.

(5) Wird trotz Überschreitung der gesetzlichen Zweijahresfrist eine Ermäßigung der Steuer gewährt, so beruht sie nicht auf § 25 sondern auf § 33 der Steuerordnung. Die Ausführungsbestimmungen zum Härteparagraphen (Ziff. 76, 77, 81 und 82) finden daher entsprechende Anwendung.

61. Weiterveräußerung des Grundstücks in unbebautem Zustand.

(1) Die Vergünstigung kommt nach dem Wortlaut der Steuerordnung (§ 25 Abs. 1 Satz 1) dem ersten Veräußerer zugute, wenn innerhalb zweier Jahre vom Kaufabschluß an die Bebauung im Rohbau durchgeführt ist, wobei das Gesetz keinen Unterschied macht, ob der erste oder ein späterer Erwerber gebaut hat.

(2) Die Ermäßigung kommt nur einmal zur Anwendung. Führt also der erste Erwerber den Bau selbst nicht durch, sondern veräußert das Grundstück an einen Zweiterwerber, der sodann baut, bzw. geht das Grundstück durch eine Reihe von Händen, bis vom letzten Erwerber gebaut wird, so findet auf diese Weiterveräußerungen die Vergünstigung nicht mehr Anwendung, da nach dem klaren Wortlaut der Steuerordnung die Vergünstigung nur dem ersten Veräußerer gewährt wird. Diese Folgerung entspricht dem

Zweck der Vorschrift, wonach der Veräußerer den Kaufpreis unter Berücksichtigung der Wertzuwachssteuerermäßigung entsprechend niedriger gestalten soll.

62. Weiterveräußerung bebauter Grundstücke (§ 25 Abs. 2).

(1) Die vorstehenden Ausführungen über Art und Umfang der Baulichkeiten sowie der Grundstücksflächen gelten sinngemäß im Fall der erstmaligen Weiterveräußerung von Grundstücken, die zum Zwecke der Bebauung erworben worden sind und nach erfolgter Bebauung innerhalb zweier Jahre vom Zeitpunkt der Ingebrauchnahme an veräußert werden.

(2) Die zweijährige Frist ist auch hier eine Ausschlußfrist. Sie rechnet vom Zeitpunkt der Ingebrauchnahme bis zum Zeitpunkt des Kaufabschlusses bzw. des an seine Stelle tretenden Rechtsvorganges, der die Weiterveräußerung betrifft. Der Zeitpunkt der Ingebrauchnahme ist derjenige, von dem an die Baulichkeit zu Wohn- oder gewerblichen Zwecken tatsächlich genutzt wird oder genutzt werden könnte (vorläufige Gebrauchsabnahme). Die tatsächliche Ingebrauchnahme kann nicht in jedem Fall, z. B. nicht bei Bauunternehmern, die zum Zwecke der Weiterveräußerung gebaut haben, gefordert werden. Auch in letzteren Fällen ist ein Rechtsanspruch auf die Vergünstigung beim Vorliegen der übrigen Voraussetzungen anzuerkennen.

(3) Die in Abs. 4 ausgesprochene Beschränkung in der Grundstücksfläche gilt auch hier; d. h. auch im Falle der Weiterveräußerung des inzwischen bebauten Grundstücks tritt die Vergünstigung nur hinsichtlich des Grundstücksteiles ein, der das Fünffache (Zehnfache) der bebauten Fläche ausmacht bzw. außer der bebauten Fläche 2000 qm beträgt.

63. Übertragung von Aktien und Anteilen einer Gesellschaft.

Im Falle des Übergangs von Aktien oder Anteilen einer Gesellschaft ist die Anwendung des § 25 nicht zulässig, selbst wenn alle Voraussetzungen hinsichtlich der Art und des Umfanges der Baulichkeiten und der Befristung erfüllt sind, da nicht den einzelnen Aktionären oder Gesellschaftern sondern der rechtlich von ihnen verschiedenen Gesellschaft die rechtliche Verfügungsmacht über das zu ihrem Vermögen gehörige Grundstück zusteht [63]). Hieran ändert auch nichts der Umstand, daß sämtliche Aktien oder Anteile übergehen, da nach der ständigen Praxis des Oberverwaltungsgerichts streng zwischen Grundstücksübertragung und Anteilsveräußerung zu scheiden ist, selbst wenn es sich um die Übertragung sämtlicher Anteile handelt.

64. Verfahren.

(1) Beim Vorliegen der Voraussetzungen des § 25 ist wie in jedem anderen Fall eine Berechnung des Wertzuwachses und eine förmliche Steuerveranlagung nach den übrigen Bestimmungen der

[63]) OVG. v. 9. 5. 30 — VII C 136/29 — (Bd. 86 S. 159).

Ordnung vorzunehmen und nicht lediglich die Steuer in Höhe von 2% des Veräußerungspreises festzusetzen. Die sich im förmlichen Verfahren ergebende Steuer ist erst nach Eintritt dieser Voraussetzungen auf 2% des Veräußerungspreises zu ermäßigen. Ergibt sich im Festsetzungsverfahren, daß ein Wertzuwachs überhaupt nicht vorliegt oder so gering ist, daß die nach ihm zu berechnende Steuer weniger als 2% des Veräußerungspreises beträgt, so entfällt die Anwendung des § 25 und es bleibt bei der Normalsteuer.

(2) Die Summe von 2% des Kaufpreises, die bei Fälligwerden der Steuerforderung sofort zu entrichten ist, ist ebenso wie der Betrag von 25% des Kaufpreises in § 24 Abs. 2 der Ordnung nach der Kaufpreisabrede ohne Berücksichtigung von Zu- und Abrechnungen zu berechnen (vgl. AusfBest. Ziff. 50 Abs. 2).

(3) Sofern nicht etwa der Ausnahmefall vorliegt, daß die normale Steuer niedriger ist als 2% des Kaufpreises, wird nach Festsetzung der Steuer vorerst der über 2% hinausgehende Betrag gestundet, vorausgesetzt, daß der über 2% des Kaufpreises hinausgehende Teil der Steuer nach Bestimmung der Steuerbehörde sichergestellt wird, worauf der letzte Satz des Abs. 1 im § 25 noch besonders hinweist.

(4) Wird nunmehr innerhalb der vorgesehenen Frist von zwei Jahren ein Rohbau im Sinne der Steuerordnung erstellt, so spricht die Steuerbehörde die endgültige Ermäßigung der Steuer auf den Betrag von 2% des Kaufpreises aus und veranlaßt die Abgangsstellung des darüber hinausgehenden Teiles der Steuer.

(5) Umfaßt die gesamte Grundstücksfläche mehr als das Fünffache der bebauten Fläche — bzw. mehr als 2000 qm außer dem mit der Baulichkeit besetzten Teil — (vgl. AusfBest. Ziff. 59 Abs. 1 letzter Satz), so ist für die Durchführung der Berechnung der Gesamtkaufpreis sowie die Gesamtsteuer im Verhältnis der Grundstücksfläche des begünstigten Teiles zur Restfläche zu zerlegen und für den begünstigten Teil die Steuer in Höhe von 2% des auf diesen Teil entfallenden Kaufpreises zu erheben. Der auf den begünstigten Teil zu beziehende, über 2% des anteiligen Kaufpreises hinausgehende Steuerbetrag wird gestundet bzw. erlassen, während der auf den nicht begünstigten Grundstücksteil entfallende Steueranteil voll zur Erhebung gelangt.

(6) Sind nach der pflichtgemäßen, fortlaufenden Prüfung der Steuerbehörde die beiden Voraussetzungen (Einhaltung der Zweijahresfrist, Erstellung einer den Bestimmungen der Steuerordnung entsprechenden Baulichkeit im Rohbau) nicht erfüllt, so hebt die Steuerbehörde die Stundung auf und veranlaßt die Einziehung des Restbetrages. Diese Einziehung hat auch bereits vor Ablauf der Zweijahresfrist zu geschehen, wenn aus dem Verhalten des Erwerbers hervorgeht, daß eine ernsthafte Bauabsicht nicht mehr besteht und auch nicht mehr die Möglichkeit vorhanden ist, den Bau innerhalb der gesetzlichen Frist bis zur Rohbauabnahme durchzuführen.

65. **Rechtsbehelfe.**

(1) Ist in dem ursprünglichen Heranziehungsverfahren ein Antrag des Steuerpflichtigen auf Stundung und spätere Ermäßigung der Steuer nicht gestellt worden, so kann solcher Antrag, sofern die Voraussetzungen des § 25 der Steuerordnung als erfüllt angesehen

werden, auch dann noch geltend gemacht werden, wenn die nach Ziff. 64 Abs. 1 Satz 1 der Ausführungsbestimmungen erfolgte Veranlagung rechtskräftig geworden ist. Über die beanspruchte nachträgliche Ermäßigung der früher rechtskräftig festgesetzten Steuer, die ein nachträgliches Begehren des Steuerpflichtigen gemäß § 25 der Steuerordnung darstellt, ist in einem neuen Steuerverfahren zu entscheiden. Der nach Prüfung des Antrages ergehende Bescheid, der entweder — beim Vorliegen der Voraussetzungen — die gesetzliche Ermäßigung ausspricht oder — beim Fehlen der Voraussetzungen — sie ablehnt, steht einem Veranlagungsbescheide gleich. Gegen den mit entsprechender Rechtsmittelbelehrung zu versehenden Bescheid sind die Rechtsmittel gemäß § 69 und 70 KAG. gegeben. Eines besonderen Hinweises auf § 18 des Zuständigkeitsgesetzes bedarf es in diesem Verfahren nicht, weil das nachträgliche Begehren des Steuerpflichtigen nicht einen Teil eines Beschwerdeverfahrens, sondern die Grundlage eines neuen Steuerverfahrens bildet[54]).

(2) Die Stellung eines derartigen Antrages auf Anwendung der Vergünstigung des § 25 nach rechtskräftiger Festsetzung der Steuer verspricht jedoch nur dann Erfolg, wenn im Gegensatz zum Tatbestand im Zeitpunkt der ursprünglichen Veranlagung der Tatbestand des § 25 als Rechtsanspruch auf Ermäßigung der Steuer auf 2% des Veräußerungspreises im Zeitpunkt der Stellung des Antrages erfüllt ist. Vorzugsweise wird hier der Fall in Frage kommen, daß das Grundstück innerhalb der gesetzlichen Frist bebaut worden ist und nun über eine der sonstigen Voraussetzungen des Gesetzes (z. B. Charakter der Baulichkeit) Streit entsteht. Dagegen muß eine erfolgreiche Weiterverfolgung des Antrags im Rechtsmittelwege seitens des Steuerpflichtigen insbesondere dann ausgeschlossen erscheinen, wenn das erworbene Grundstück innerhalb der gesetzlichen Frist überhaupt nicht oder nur unvollkommen bebaut worden ist oder wenn die Rohbauabnahme unstreitig nicht innerhalb der Zweijahresfrist stattgefunden hat oder stattfinden wird (vgl. AusfBest. Ziff. 64 Abs. 6 Satz 2). Werden in diesen Fällen Anträge gestellt, mit denen eine Ermäßigung der Steuer begehrt wird, so sind sie als Billigkeitsanträge aufzufassen und nach § 33 der Steuerordnung zu behandeln (vgl. AusfBest. Ziff. 60 Abs. 2 ff.; 77).

66. Antragsberechtigung.

Vielfach wird mit dem Antrage auf endgültige Steuerermäßigung der am Bau allein interessierte Erwerber hervortreten. Dieser ist jedoch nicht ohne weiteres als antragsberechtigt anzusehen. Antragsberechtigt ist vielmehr nur, wer als Steuerschuldner herangezogen worden ist. Hat der Veräußerer die Steuer privatrechtlich übernommen und ist er allein veranlagt worden, so folgt daraus seine alleinige Antragsbefugnis, und der Erwerber ist lediglich dann antragsberechtigt, wenn er als Bevollmächtigter des Veräußerers auftritt. Hat der Erwerber privatrechtlich die volle Steuer übernommen und ist er als Steuerschuldner nach § 24 Abs. 3 der Steuerordnung herangezogen worden, so ist er auch antragsberechtigt. Hat, wie in den Fällen des Erwerbes zum Zwecke der Bebauung üblich,

[54]) OVG. v. 20. 2. 31 — VII C 176/30 — (Bd. 87 S. 167)

der Erwerber nur den über 2% des Kaufpreises hinausgehenden Teil der Steuer für den Fall der Nichterfüllung der Voraussetzungen des § 25 privatrechtlich übernommen, so ist die erste Veranlagung über den gesamten Steuerbetrag nur dem Veräußerer zuzustellen. Wird der Tatbestand des § 25 sodann nicht erfüllt, so erfolgt gemäß § 24 Abs. 3 die Veranlagung des Erwerbers als Steuerschuldner für den über 2% des Kaufpreises hinausgehenden Teil der Steuer unmittelbar. Der Veräußerer kommt für die Entrichtung des Differenzbetrages sodann nur neben dem Erwerber in Betracht. Auf diese Weise werden Zweifel über die Antragsberechtigung in der Person des Erwerbers vermieden, da ihm auf Grund des erst jetzt erteilten Steuerbescheides die Rechtsmittel des KAG. unmittelbar zustehen.

Zu § 26.

67. Erlaß, Erstattung und Ermäßigung aus Rechtsgründen.

(1) Abgesehen von der Nichtigkeit des den Eigentumserwerb begründenden Rechtsvorganges (§ 26 Abs. 1 Ziff. 1; vgl. auch § 2 Buchst. b der StO.) sind die Tatbestände des § 26, insbesondere auch der der Ziff. 5, auf das schuldrechtliche Rechtsgeschäft abgestellt, weil auch für die Steuerpflicht grundsätzlich der Abschluß des schuldrechtlichen und nicht des dinglichen Rechtsgeschäfts maßgebend ist[55]. Mit der gleichen Ausnahme ist es daher auch bedeutungslos, ob nach Abschluß des Vertrages Auflassung und Eintragung erfolgt waren.

(2) Die Anwendung zu Ziff. 2 kommt, soweit es sich um die Aufhebung des Rechtsgeschäfts durch Parteivereinbarung handelt, nur in Betracht, wenn der Aufhebungsvertrag sich in den Grenzen eines Aufhebungsgeschäfts hält, das neue Abkommen also, namentlich hinsichtlich des Preises, nicht wesentlich über den Rahmen der Rückgängigmachung des früheren Vertrages hinausgeht[56].

(3) Der gleiche Grundsatz muß in den Fällen des § 26 Abs. 1 Ziff. 5 gelten; ein Rückkauf im Sinne dieser Bestimmung ist daher nicht anzuerkennen, wenn der Rückerwerbspreis des Erstveräußerers wesentlich über den früheren Verkaufspreis hinausgeht. Im übrigen umfassen Erlaß und Erstattung beide Rechtsvorgänge (Verkauf und Rückkauf).

(4) Ist ein Steuerbetrag auf Grund von § 26 zu erstatten, so können sich Schwierigkeiten ergeben, sofern der Steuerschuldner selbst die Steuer nicht entrichtet hat. Für derartige Zweifelsfälle bleibt der Grundsatz maßgebend, daß im Falle der Erstattung lediglich der Steuerschuldner empfangsberechtigt ist, nicht dagegen ohne weiteres derjenige, der die Steuer tatsächlich gezahlt hat. Hat z. B. der Veräußerer die Entrichtung der Steuer auf den Erwerber abgewälzt, ist jedoch selbst als Steuerschuldner herangezogen worden, während die Steuer aus Mitteln des Erwerbers gezahlt worden ist, so bleibt der Veräußerer allein erstattungsberechtigt. Ob der Veräußerer auf Grund der vertraglichen Abreden durch seinen Erstattungsanspruch gegenüber dem Erwerber ungerechtfertigt bereichert ist, berührt das

[55]) OVG. v. 28. 3. 30 — VII C 92/29.
[56]) OVG. v. 9. 1. 31 — VII C 139/30.

Verhältnis des Veräußerers zur Steuerbehörde nicht und braucht daher auch nicht geprüft zu werden. Glaubt der Erwerber zur Empfangnahme des — von ihm entrichteten — Steuerbetrages berechtigt zu sein, so sind ihm entsprechende Maßnahmen gegenüber dem Veräußerer anheimzustellen. Notfalls ist der Betrag zur Vermeidung des Verzugs nach den Vorschriften des Bürgerlichen Gesetzbuchs zu hinterlegen.

Zu § 27.

68. Mitteilungspflicht (§ 27 Abs. 1).

(1) Im § 27 sind im Abs. 1 als Mitteilungspflichtige auch der Bevollmächtigte und der gesetzliche Vertreter aufgeführt und in Abs. 3 der gesetzliche Vertreter und der Bevollmächtigte der Personenvereinigungen als zur Anzeige verpflichtet bezeichnet worden.

(2) Im übrigen ist die Bestimmung, daß der Steuerschuldner zur Mitteilung des die Steuerpflicht begründenden Ereignisses verpflichtet ist, nur von geringer praktischer Bedeutung, da, ohne daß es hierzu eines besonderen Hinweises der Steuerordnung bedarf, schon auf Grund der reichsgesetzlichen Bestimmungen (Reichszuwachssteuergesetz vom 14. November 1911) und der dazu ergangenen Erlasse die Notare und sonstigen Urkundspersonen nach jeder Beurkundung eines die Steuerpflicht begründenden Rechtsvorganges zur Mitteilung verpflichtet sind. Im Erlaß vom 28. Dezember 1921 — MdJ. IV. St. 914/FM. II A. 2 2519 — MinBl. f. d. i. Verw. 1921 S. 424 — hat der Minister des Innern noch besonders darauf hingewiesen, daß die im § 38 des Reichszuwachssteuergesetzes vorgeschriebene Mitteilungspflicht auch dann weiter fortbesteht, wenn die Gemeinden dazu übergehen, losgelöst von der Reichszuwachssteuer gemäß § 1 letzter Absatz des Finanzänderungsgesetzes vom 3. Juli 1913 eine selbständige Zuwachssteuerordnung einzuführen.

(3) Der § 38 Reichszuwachssteuergesetzes bestimmt:

Den Steuerbehörden haben nach näherer Bestimmung des Bundesrats Mitteilung zu machen

1. die Grundbuchämter von den Eintragungen des Eigentumsübertragung von Grundstücken in das Grundbuchamt;
2. die Registergerichte und -behörden von Eintragungen in das Handels- und Genossenschaftsregister und von Einreichungen zum Handelsregister, soweit sie in Verfolg eines steuerpflichtigen Rechtsvorganges vorgenommen werden;
3. allgemein die Behörden und Beamten des Reichs, Staates und der Gemeinde sowie die Notare
   a) von allen von ihnen beurkundeten Rechtsvorgängen, die den Übergang des Eigentums an inländischen Grundstücken zum Gegenstande haben oder zu den im § 5 bezeichneten Rechtsgeschäften gehören;
   b) von allen Fällen der Erhebung der Abgabe auf Grund der Tarifnummer 11 des Reichsstempelgesetzes.

Die Landesregierungen sind ermächtigt, im Einverständnis mit dem Reichskanzler die Mitteilungspflicht anderen als den in Ziff. 1 und 2 genannten Stellen zu übertragen.

(4) Die weiteren gesetzlichen Grundlagen zur Mitteilungspflicht der Notare bilden insbesondere die §§ 3 C, 6 und 7 der Ausführungsbestimmungen des Bundesrats (Zentralblatt für das Deutsche Reich 1911, S. 79), welche lauten:

§ 3 C der reichsrechtlichen Ausführungsbestimmungen.

Das Zuwachssteueramt erhält Kenntnis durch ... C. die Mitteilungen der Behörden und Beamten des Reichs, Staates und der Gemeinde sowie der Notare

1. von allen Fällen der Erhebung der Abgabe auf Grund der Tarifnummer 11 des Reichsstempelgesetzes mit Ausnahme der Auflassungen,
2. von allen sonstigen von ihnen beurkundeten Rechtsvorgängen, die der Auflassung und Eintragung nicht bedürfende Fälle des Eigentumsüberganges an inländischen Grundstücken, den Übergang einer Berechtigung zum Gegenstande haben oder zu den im § 5 des Gesetzes bezeichneten Rechtsgeschäften gehören,
3. von der Beurkundung der Übertragung *eines* Anteils einer Gesellschaft mit beschränkter Haftung.

§ 6.

Die Mitteilungen der Behörden, Beamten und Notare sind innerhalb einer Frist von 10 Tagen nach der Beurkundung — für jeden Rechtsvorgang besonders — dem für die steuerliche Behandlung zuständigen Zuwachssteueramt einzureichen (Veräußerungsanzeige).

Die Veräußerungsanzeigen sind nach Anleitung des Musters 2 einzurichten. Soweit die darin enthaltenen Mitteilungen aus der Veräußerungsurkunde sich ergeben, *genügt die Übersendung einer Abschrift der Urkunde.*

§ 7.

Die Mitteilungen der Behörden, Beamten und Notare über die Abtretung eines Geschäftsanteils sind auch bei den nicht unter § 3 des Gesetzes fallenden Gesellschaften mit beschränkter Haftung zu machen. Die Mitteilung kann unterbleiben, wenn bei den Behörden, Beamten oder Notaren Tatsachen offenkundig sind, aus denen sich ergibt, daß die Gesellschaft, deren Anteil übertragen wird, keinen Grundbesitz hat oder nicht unter § 3 des Gesetzes fällt.

---

(5) Danach besteht in jedem Fall der Beurkundung von Rechtsvorgängen, die nach den Vorschriften der Wertzuwachssteuerordnung und der zu ihnen ergangenen Rechtsprechung steuerpflichtig sind, durch Notare oder sonstige Urkundspersonen die Mitteilungspflicht. Namentlich gilt dies bei der Übertragung von Gesellschaftsrechten, ohne daß es hier auf den Umfang der übertragenen Rechte ankommt. Schon die Beurkundung der Übertragung auch nur eines Geschäftsanteils einer Gesellschaft m. b. H. im Sinne von § 1 Abs. 3 der Steuerordnung ist anzeigepflichtig. Die Mitteilung darf nur dann unterbleiben, wenn der mitteilungspflichtige Notar oder Urkundsbeamte die Gewißheit hat, daß entweder kein Grundbesitz vorhanden ist oder Voraussetzungen vorliegen, die eine Anwendung des § 1

Abs. 3 der Steuerordnung ausschließen. Hierbei darf jedoch keinesfalls unberücksichtigt gelassen werden, daß eine Gewißheit über diese Voraussetzungen nur schwer zu erlangen ist, da für die Frage, ob die Gesellschaft zur Steuerersparung geschaffen ist, die gesamte hierzu ergangene Rechtsprechung gewürdigt werden muß, und daß ferner darüber, ob ein Rechtsvorgang steuerpflichtig oder steuerfrei ist, letzten Endes allein die Steuerstelle entscheidet. Sogar der Umstand, daß die Gesellschaft selbst keine Grundstücke besitzt, ist u. U. nicht ausschlaggebend, wenn es sich um eine sog. Finanzierungs- oder Holdinggesellschaft handelt (vgl. AusfBest. Ziff. 1 Abs. 4). Zur Vermeidung von Weiterungen wird es sich daher für den Notar oder Urkundsbeamten empfehlen, nach jeder Beurkundung der Übertragung von Gesellschaftsrechten der Steuerstelle eine Veräußerungsanzeige oder eine Durchschrift der Verhandlung zu übersenden.

(6) Die vorstehend wiedergegebene gesetzliche Regelung über die Mitteilungspflicht hat durch eine Reihe von Erlassen noch eine weitere Klarstellung erfahren.

(7) Durch Erlaß des Reichsfinanzministers vom 12. November 1921 — III V. 6549 — ist zur Vereinfachung des Mitteilungsverfahrens angeordnet, daß mit Rücksicht auf die bei der Grunderwerbssteuer ebenfalls bestehende Mitteilungspflicht von einer besonderen Veräußerungsanzeige für die Zuwachssteuer abzusehen und lediglich ein Durchschlag oder eine Durchschrift der für die Grunderwerbssteuer geltenden Anzeige zu übersenden ist.

(8) Der Runderlaß des preußischen Ministers des Innern vom 28. Dezember 1921 über das Fortbestehen des § 38 des Reichszuwachssteuergesetzes auch nach Einführung gemeindlicher Zuwachssteuergesetze ist bereits erwähnt.

(9) Wesentlich sind ferner die Justizministerialerlasse vom 14. April und 24. Juli 1925 (JustizminBl. S. 151 und Nr. 30), die zwar die Mitteilungspflicht zur Grunderwerbssteuer bei Steuerumgehungstatbeständen betreffen, aber auch für die Zuwachssteuer schon deshalb sinngemäß zu gelten haben, weil § 10 (§ 5 a. F.) der Reichsabgabenordnung nunmehr in die Zuwachssteuerordnung übernommen worden ist.

(10) Eine endgültige Klarstellung zu der Frage, wann ein beurkundetes Vertragsangebot mitteilungspflichtig ist, hat die Verfügung des Präsidenten des Landesfinanzamts Berlin vom 14. Januar 1930 — S. 4500 — I 44 017/29 — auf dem Gebiet der Grunderwerbssteuer gebracht, die aber ebenfalls sinngemäß zu gelten hat. Danach ist ein reines Vertragsangebot nicht anzeigepflichtig. Ein solches liegt aber nur vor, wenn erst die Annahme des Angebots sowohl kausal wie zeitlich die Verpflichtung zu sämtlichen gegenseitigen Vertragsleistungen begründen soll. Dagegen sind alle Vertragsangebote, die über den vorstehend geschilderten Rahmen hinausgehen, anzeigepflichtig. So besteht z. B. Mitteilungspflicht, wenn in einer Offerte vorgesehen ist, daß vor Annahme derselben bereits Verpflichtungen in Ansehung der Übergabe des Grundstücks, des Nutzungs- und Lastenübergangs oder Zahlung des Kaufpreises ganz oder zum Teil entstehen sollen. Auch ein Veräußerungsantrag, in dem ein Bindungsentgelt vorgesehen ist, kann Ersatzgeschäft für ein Veräußerungsgeschäft sein. Trotz Bindungsentgelts ist die Offerte

als ein steuerpflichtiges Veräußerungsgeschäft dann nicht anzusehen, wenn das Bindungsentgelt fest und neben dem Kaufpreis zu zahlen ist. Andererseits kann in dem Fall, in dem ein Bindungsentgelt fest neben dem Kaufpreis zu zahlen, im Verhältnis zum Kaufpreis aber so hoch festgesetzt ist, daß anzunehmen ist, der Kaufpreis sei mit Rücksicht auf die Höhe des Bindungsentgelts besonders niedrig gestellt und der Angebotsempfänger werde die Offerte nur deshalb annehmen müssen, um nicht das überhohe Bindungsentgelt preiszugeben, in Wahrheit bereits ein abgeschlossenes Veräußerungsgeschäft gegeben sein.

(11) Da die Entscheidung über die Steuerpflicht eines Rechtsvorganges nicht dem Notar, sondern der Steuerstelle zusteht, sind hiernach zum mindesten alle Offerten, in denen ein Bindungsentgelt vorgesehen ist, der Steuerstelle mitzuteilen.

(12) Die im § 38 des Reichszuwachssteuergesetzes ferner noch vorgesehene Mitteilungspflicht der Grundbuchämter, Registergerichte und -behörden beschränkt sich auf die Eintragungen in das Grundbuch sowie in das Handels- und Genossenschaftsregister.

(13) Wenn hiernach auch die Mitteilung des Notars und Urkundsbeamten das Wesentliche ist und die Anzeigen des Steuerschuldners dahinter zurücktreten, so enthebt dieser Umstand den Steuerschuldner nicht der Verpflichtung, dafür Sorge zu tragen, daß die Steuerbehörde über das die Steuerpflicht auslösende Ereignis in Kenntnis gesetzt wird[57]). Vor allem wird der Steuerschuldner von seiner Anzeigepflicht und den sich aus ihrer Verletzung ergebenden Folgen insbesondere strafrechtlicher Art nicht dadurch befreit, daß er die Vornahme der Anzeige ausschließlich dem amtierenden Notar im Vertrauen darauf überlassen hat, dieser werde die Anzeige erstatten.

69. Auskunftserteilung (§ 27 Abs. 2 und 3).

Die Steuerbehörde ist berechtigt, von den Steuerpflichtigen über alle Tatsachen, die für die Veranlagung der Steuer erheblich sind, Auskunft zu verlangen. Insbesondere ist die Steuerbehörde zur Ermittlung der Übertragung von Gesellschaftsrechten bei Grundstücksgesellschaften und der sich daraus ergebenden Steuerpflicht befugt, die Gesellschafter zur Erklärung darüber aufzufordern, wann, von wem und gegen welches Entgelt sie ihre Geschäftsanteile erworben, sowie ob, wann, an wen, und gegen welches Entgelt sie die Anteile wieder veräußert haben. Das Zeugnisverweigerungsrecht des § 174 (§ 176 a. F.) Reichsabgabeordnung, den § 30 der Steuerordnung aufführt, steht in diesem Falle dem Steuerpflichtigen nicht zu[58]). Wegen der Einschaltung der Industrie- und Handelskammer bei derartigen Erhebungen vgl. AusfBest. Ziff. 3 Abs. 6.

Zu § 28.

70. Beanstandung der Steuererklärung.

Die Steuerbehörde ist an die Angaben des Steuerpflichtigen nicht gebunden, sondern kann ihrerseits Erhebungen zur Erforschung des

[57]) Kammergericht v. 5. 11. 28 — III S. 610/28.
[58]) RFH. v. 13. 3. 29 — II A 115/29.

Tatbestandes anstellen. Im Rahmen dieser Ermittlungen kann sie u. a. auch die Vorlegung der Geschäftsbücher verlangen. Dies folgt im besonderen aus der Aufnahme des § 207 Reichsabgabenordnung im § 30 der Steuerordnung. Hat die Steuerbehörde jedoch ihrerseits Angaben von dem Steuerpflichtigen gefordert (Steuererklärung) und auch erhalten, so kann sie hiervon nur nach vorgängiger Beanstandung abweichen[59]). Aber auch der Steuerpflichtige ist an die Angaben seiner Erklärung gebunden, wenn er sie nicht vor der Veranlagung berichtigt[60]).

Zu § 29.

71. Veranlagung.

(1) Über die Veranlagung ergeht ein schriftlicher Veranlagungsbescheid mit Steuerberechnung, Rechtsmittelbelehrung und Zahlungsaufforderung. Der Bescheid ist dem Steuerpflichtigen zuzustellen (Postzustellungsurkunde oder Behändigungsschein). Hat der Steuerpflichtige keinen Wohnsitz im Inland und keinen zur Entgegennahme des Bescheides bevollmächtigten inländischen Vertreter, so erfolgt die Zustellung durch öffentlichen Aushang an der Aushangstelle des zuständigen Bezirksamts (Art. 43 Ziff. 1 d. AusfAnw. zum KAG.).

(2) Wegen des Verfahrens bei Heranziehung des Erwerbers als Zweithaftenden vgl. Ausführungsbestimmungen Ziff. 51 Abs. 10.

72. Vorläufige Berechnung der Steuer.

(1) Auf Antrag ist bereits vor der Veräußerung des Grundstücks ein Vorbescheid über die Höhe der voraussichtlichen Steuer zu erteilen. Zu einem solchen Antrag ist jedoch nur der Grundstückseigentümer berechtigt. Sofern ein Dritter, insbesondere ein Kauflustiger, der die Zuwachssteuer beim Erwerb des Grundstücks übernehmen will, einen derartigen Vorbescheid beantragt, muß er sich durch eine ordnungsmäßige Vollmacht des Grundstückseigentümers ausweisen.

(2) Die Steuerberechnung des Vorbescheides ist unter Zugrundelegung der Angaben des Antragstellers vorzunehmen und insoweit verbindlich. Soweit sich bei der späteren Veranlagung ergibt, daß die Angaben des Antragstellers nicht den Tatsachen entsprechen oder nicht mit den Bestimmungen der Steuerordnung in Einklang zu bringen sind, entfällt die Verbindlichkeit. Auch eine möglicherweise zu gewährende Ermäßigung der Steuer aus Billigkeitsgründen, namentlich die voraussichtliche Anrechnung gesetzlich nicht anrechnungsfähiger Aufwendungen, kann im Vorbescheid erörtert werden.

(3) Das Verfahren bei der Erteilung dieser Vorbescheide im einzelnen ist durch besondere Verwaltungsanordnung geregelt.

Zu § 30.

73. Reichsabgabenordnung.

Die in die Steuerordnung übernommenen Vorschriften der Reichsabgabenordnung sind als Anlage 3 abgedruckt.

---

[59]) OVG. v. 6. 1. 1911 (Bd. 58 S. 155).

[60]) OVG. v. 16. 6. 1911 (Pr. Verw.Bl. Jhrg. 33 S. 265).

Zu § 31.

74. Rechtsmittel.

(1) Nach § 69 KAG. steht dem Steuerpflichtigen gegen die Heranziehung der Einspruch zu, der binnen einer Ausschlußfrist von vier Wochen beim zuständigen Bezirksamt (Steueramt) einzulegen ist. Der Lauf der Einspruchsfrist beginnt mit dem ersten Tage nach erfolgter Zustellung (AusfBest. Ziff. 71 Abs. 1).

(2) Über den Einspruch beschließt nach § 70 KAG. in Verbindung mit dem Kriegsgesetz zur Vereinfachung der Verwaltung vom 13. Mai 1918 (GesSlg. S. 53) der Vorsitzende des Bezirksamts oder ein von ihm bezeichnetes Mitglied. Gegen den Beschluß steht dem Steuerpflichtigen binnen einer mit dem ersten Tage nach erfolgter Zustellung beginnenden Ausschlußfrist von zwei Wochen die Klage im Verwaltungsstreitverfahren offen, über die der Bezirksausschuß entscheidet. Die Klageschrift muß innerhalb dieser Frist beim Bezirksausschuß (Berlin NW. 40, Invalidenstr. 52) eingegangen sein; eine Einreichung beim zuständigen Bezirksamt (Einspruchsbehörde) reicht zur fristzeitigen Einlegung des Rechtsmittels u. U. nicht aus, da nach ständiger Rechtsprechung der Verwaltungsgerichte eine gesetzliche Pflicht zur sofortigen Weitergabe derartiger Klageschriften nicht besteht. Im übrigen weist der Einspruchsbescheid in der Fassung des dafür vorgesehenen Vordrucks in der Rechtsmittelbelehrung noch besonders auf die Einlegung der Klage beim Bezirksausschuß hin. Bei Versäumung der Klagefrist kann der Umstand, daß ein an unzuständiger Stelle eingereichter Schriftsatz nicht rechtzeitig weitergeleitet worden ist, keinen Grund zur Wiedereinsetzung in den vorigen Stand — über die im übrigen der Bezirksausschuß entscheidet — bilden. Andererseits besteht gemäß Erlaß des Min. d. Inn. vom 7. Februar 1922/23. April 1929 für die Steuerbehörde die Verpflichtung, die bei ihr eingehenden Rechtsmittel ohne jeden Zeitverlust so schnell weiterzuleiten, wie es sich auf dem vorgeschriebenen Dienstwege ermöglichen läßt. Die Rückgabe einer an unzuständiger Stelle eingereichten Rechtsmittelschrift an den Einsender selbst unter der Verweisung auf den richtigen Weg soll der Verwaltungsstelle ausnahmsweise nur dann gestattet sein, wenn feststeht, daß der Einsender selbst noch in der Lage ist, den Schriftsatz innerhalb der Frist bei der ihm genau zu bezeichnenden zuständigen Stelle anzubringen.

(2) Gegen die Entscheidung des Bezirksausschusses ist das Rechtsmittel der Revision zulässig. Die Revision ist ebenfalls binnen einer Ausschlußfrist von zwei Wochen beim Bezirksausschuß einzulegen und zu begründen (§§ 95, 85 LVG.). Die Revision kann nur darauf gestützt werden, daß die angefochtene Entscheidung auf der Nichtanwendung oder auf der unrichtigen Anwendung des bestehenden Rechts beruhe oder daß das Verfahren an wesentlichen Mängeln leide (§ 94 LVG.). In der Revisionsschrift ist anzugeben, worin die behauptete Nichtanwendung oder unrichtige Anwendung des bestehenden Rechts oder worin die behaupteten Mängel des Verfahrens gefunden werden.

Zu § 32.

75. Zuwiderhandlungen und Strafen.

(1) Wann eine Zuwiderhandlung gegen die Vorschriften der Steuerordnung mit einer Ordnungsstrafe zu belegen ist, entscheidet das Ermessen der zuständigen Steuerbehörde. Die Befugnis, Ordnungsstrafen zu verhängen, gründet sich auf § 82 KAG., wonach in Abgabenordnungen Strafen wegen Zuwiderhandlungen bis zur Höhe von hundertfünfzig Reichsmark angedroht werden können. Die Strafen sind durch das zuständige Bezirksamt (Steueramt) festzusetzen. Im Strafbescheid ist auf § 82 KAG. Bezug zu nehmen und in der Unterschrift ist kenntlich zu machen, daß der Strafbescheid namens des Gemeindevorstandes der Stadt Berlin, Bezirksamt ..., Bezirkssteueramt Abt. B erlassen wird. Zur Zeichnung ist das Bezirksamtsmitglied berechtigt, dem die Leitung des Steueramts übertragen ist. Der Strafbescheid ist in der Urschrift von dem Zeichnungsberechtigten handschriftlich zu vollziehen; die Verwendung eines Stempels genügt nicht (Erl. d. Preuß. Min. d. J. vom 5. April 1927 — II D 291/Fin.-Min. J. E. 2497 a — über Strafbescheide der Gemeindevorstände). Ferner muß der Strafbescheid die strafbare Handlung, das angewendete Strafgesetz und die Beweismittel bezeichnen sowie die Belehrung über die zulässigen Rechtsmittel enthalten.

(2) Die Berechtigung zur Verhängung einer Ordnungsstrafe (§ 82 KAG.) in den Fällen der Unterlassung der geforderten Auskunft wird nicht dadurch ausgeschlossen, daß die Steuerbehörde gemäß § 27 Abs. 2 die Festsetzung der Steuer bereits selbständig, d. h. ohne Mitwirkung des Steuerpflichtigen, vorgenommen hat.

(3) Gegen die Straffestsetzung sind nach dem Gesetz (vgl. Art. 50 der Ausführungsanweisung zum Kommunalabgabengesetz) zwei Rechtsbehelfe möglich. Der Bestrafte kann entweder gerichtliche Entscheidung beantragen, oder die Entscheidung des Oberpräsidenten anrufen. Beide Rechtsbehelfe schließen sich somit gegenseitig aus. Auch die Fristen sind verschieden: Während der Antrag auf gerichtliche Entscheidung binnen einer Woche gestellt werden muß (§ 419 StPO.), beträgt die Frist für die Einlegung der Beschwerde beim Oberpräsidenten 2 Wochen (§ 7 Abs. 3 Zust.-Ges.).

(4) Ist eine Ordnungsstrafe gemäß § 82 KAG. rechtskräftig festgesetzt und sucht der Bestrafte sodann Herbeiführung eines Gnadenerweises nach, so steht das Gnadenrecht infolge Delegation seitens des Preußischen Staatsministeriums — Erlaß des Preußischen Staatsministeriums vom 8. August 1929 — StML. 9900/29 — RdErldMdJ. u. d. FM. vom 19. September 1929 — IV St. 824 II und II C/B 9205 — in Städten mit mehr als 10 000 Einwohnern den Gemeindevorständen zu. Dies gilt auch dann, wenn eine festgesetzte Geldstrafe wegen Nichtbeitreibbarkeit in eine Haftstrafe umgewandelt worden ist. Der Gemeindevorstand kann in diesen Fällen die verwirkten Geldstrafen und die Ersatzfreiheitsstrafen sowie die Kosten des Verfahrens erlassen, ermäßigen oder in anderer Weise mildern; er kann Aussetzung, Teilung und Unterbrechung der Strafvollstreckung gewähren. Nur dann, wenn die vom Gemeindevorstand verfügte Straffestsetzung nicht rechtskräftig geworden, vielmehr Antrag auf Entscheidung durch das ordentliche Gericht gestellt und

demnächst eine Straffestsetzung durch dieses vorgenommen worden ist, steht die Entscheidung über die Erteilung eines Gnadenerweises dem preußischen Finanzminister zu, dem auch die entsprechenden Anträge unter Stellungnahme zuzuleiten sind.

(5) Eine Delegation der Befugnisse des Gemeindevorstandes ist bei Ausübung des Gnadenrechts nicht zulässig (vgl. ErloMindJ. und des FM. vom 30. Dezember 1929. — IV St. 1415/FinMin. II C 13 513). Gemeindevorstand in diesem Sinne ist nach dem geltenden Gemeindeverfassungsrecht der Oberbürgermeister und nicht das einzelne Bezirksamt. Hieraus folgt jedoch nicht, daß jeder Antrag auf Minderung oder Erlaß der Strafe, der nach Eintritt der Rechtskraft eingeht, dem Oberbürgermeister zur Beschlußfassung vorzulegen ist. Die Ausübung des Gnadenrechts bei Strafen auf Grund des § 82 KAG. muß vielmehr auf besondere Ausnahmefälle beschränkt bleiben. Es haben daher die Bezirksämter selbständig zu prüfen, ob ein Gnadenerweis angezeigt erscheint. Dies wird immer dann zu verneinen sein, wenn es sich um eine geringe Geldstrafe handelt und der Bestrafte sich nicht in einer wirtschaftlichen Notlage befindet.

(6) Werden derartige Straferlaßanträge vor Ablauf der Rechtsmittelfrist an das Bezirksamt gerichtet, so sind die Antragsteller in der Regel auf die zulässigen Rechtsmittel zu verweisen. Ergeben die weiteren Angaben des Bestraften, daß die Strafe zu Unrecht verhängt ist, so ist die Zurücknahme der Strafverfügung durch das Bezirksamt angezeigt, die bis zum Ablauf der Rechtsmittelfrist jederzeit zulässig ist. Anträge, die nach Eintritt der Rechtskraft eingehen, sind unter Hinweis auf die Rechtskraft der Straffestsetzung abzulehnen, es sei denn, daß Gründe vorliegen, die eine Ausübung des Gnadenrechts rechtfertigen. Nur in diesen letzteren Fällen hat Vorlage an den Oberbürgermeister zu erfolgen.

Zu § 33.

76. Der Härtebegriff. Allgemeines.

Der sog. Härteparagraph gibt dem Steuerpflichtigen keinen Rechtsanspruch auf eine Ermäßigung oder einen Erlaß der Steuer, sondern enthält lediglich eine allgemeine Ermächtigung der Steuerbehörde, im Einzelfall aus Billigkeitsgründen eine Herabsetzung der Steuer vorzunehmen oder eine bereits veranlagte Steuer ganz oder teilweise zu erlassen. Die Anwendung des § 33 bleibt daher in jedem Fall und unter allen Umständen eine Frage des freien Ermessens der Steuerbehörde. Sie soll die ihr übertragene Befugnis nur ausüben, sofern und soweit in der Forderung der vollen, nach den Vorschriften der Steuerordnung errechneten Steuer eine Härte zu erblicken ist. Die Einziehung der vollen Steuer muß nach Lage der Sache unbillig sein. Wann eine solche Unbilligkeit anzuerkennen ist, hängt von den Umständen des Einzelfalles ab. Im Hinblick auf den Charakter der Wertzuwachssteuer als einer Steuer, die an den Grundstücksverkehr anknüpft, ist für die Anwendung der Härteklausel von vornherein nur ein beschränkter Raum. Gedacht ist hier in erster Linie an Fälle, in denen die Anwendung der Steuerordnung zu einem vom Gesetzgeber offenbar nicht gewollten Ergebnis führt (sog. sachliche Härten). Da über den Kreis dieser sachlichen Härten hinaus sich Umstände ergeben können, die im Hinblick auf die persönlichen, wirtschaftlichen Verhältnisse des Steuerpflichtigen eine Ermäßigung der Steuer angebracht erscheinen lassen, werden in gewissem Umfang auch diese sog. persönlichen Härten als Billigkeitsgrund anerkannt. Insbesondere ist eine Anwendung des Härteparagraphen zugelassen, wenn die Einziehung der Steuer die wirtschaftliche Existenz des Steuerpflichtigen ernstlich gefährdet.

77. Sachliche Härten.

(1) Unter diesem Begriff sind Härten zu verstehen, die sich aus den Bestimmungen der Ordnung ergeben, vom Gesetzgeber aber offenbar nicht gewollt sind. Die Steuer erscheint hier untragbar, weil sie nach Höhe und Art der Festsetzung aus Gründen, die im Steuergesetz selbst wurzeln, sich für jeden Steuerpflichtigen als Härte darstellt. Da die Steuerordnung selbst einen fest umschriebenen Kreis von Tatbeständen enthält, ist auch der Kreis der sog. sachlichen Härten ein geschlossener. In allen diesen Fällen hat demgemäß auch Ermäßigung oder Erlaß der Steuer ohne Rücksicht auf die wirtschaftliche Lage des jeweils beteiligten Steuerpflichtigen zu erfolgen.

(2) Zur Berücksichtigung der sachlichen Härten bedarf es eines dahingehenden Antrags des Steuerpflichtigen. Wird ein solcher Antrag vor Durchführung der Veranlagung gestellt, so ist die sachliche Härte bereits bei Festsetzung der Steuer zu berücksichtigen. Eine Beschränkung in der Ermäßigung besteht bei den sachlichen Härten grundsätzlich nicht, jedoch soll in der Regel das Ausmaß der aus Billigkeitsgründen gewährten Ermäßigung nicht die gesetzlich zugelassene Vergünstigung erreichen.

(3) Als sachliche Härten in diesem Sinne sind nur die Tatbestände anzuerkennen, bei denen die folgenden Vergünstigungen gewährt werden:

Bei § 8.

a) Anrechnung bereits gelöschter, auf Grund der Aufwertungsgesetzgebung wieder auflebender Hypotheken (vgl. AusfBest. Ziff. 20).

Bei § 13.

b) Ausdehnung der Hinzurechnung ausgefallener Hypotheken auf Verwandte des Gläubigers (vgl. AusfBest. Ziff. 31 Abs. 2).
c) Anrechnung sämtlicher Kosten der Instandsetzung hochgradig verwahrloster Grundstücke im Vergleichswege (vgl. AusfBest. Ziff. 34).

Bei § 25.

d) Ausdehnung der als bebaut geltenden Fläche bei den Bauten der Bauklasse I (vgl. AusfBest. Ziff. 59 Abs. 4).
e) Ermäßigung der Steuer bei Fristüberschreitung (vgl. AusfBest. Ziff. 60 Abs. 2 ff.).

78. Einzelfälle.

(1) Außer diesem festumschriebenen Kreis der sog. sachlichen Härten enthält die Steuerordnung noch eine Reihe von Tatbeständen, bei denen die Anwendung des Gesetzes zwar nicht allgemein

und in jedem Fall, wohl aber unter gewissen Umständen im Einzelfall zu einer vom Gesetzgeber nicht gewollten Härte führt, und zwar ist in den Fällen des § 7 Abs. 1 Ziff. 9—12 der Steuerordnung bei einer Weiterveräußerung des Grundstücks nach § 14 Abs. 1 der Steuerordnung auf den letzten steuerpflichtigen Rechtsvorgang, d. h. auf die letzte vor dem Zeitpunkt des Eintritts der Tatbestände des § 7 Abs. 1 Ziff. 9—12 liegende besteuerte Eigentumsübertragung zurückzugehen (vgl. AusfBest. Ziff. 15 und 38). Dies kann insofern zu Härten führen, als bei der Weiterveräußerung ein Wertzuwachs versteuert werden muß, der nicht dem jetzt veräußernden Eigentümer sondern seinem Vorbesitzer zugeflossen ist. Ähnlich dem Zweckgedanken des § 14 Abs. 1 der Steuerordnung (vgl. AusfBest. Ziff. 39) wird daher zugelassen, die Steuer auf Antrag auf den Betrag herabzusetzen, der zur Erhebung gelangen würde, wenn als Erwerbsvorgang nicht der letzte steuerpflichtige sondern der befreite Rechtsvorgang in die Berechnung einzusetzen wäre. In weiterer Anlehnung an § 14 Abs. 2 der Steuerordnung ist die Vergünstigung dieser anderweiten Berechnung nur dann zu gewähren, wenn der letzte steuerpflichtige Rechtsvorgang, auf den an sich (§ 14 Abs. 1 der StO.) zurückzugehen wäre, sich in der Zeit vom 1. Januar 1919 bis zum 31. Dezember 1924 vollzogen hat und sich hieraus eine Beschwernis des Steuerpflichtigen ergibt. Eine solche ist nicht anzunehmen, wenn die nach der Steuerordnung berechnete Steuer hinter dem Ergebnis der aus Billigkeitsgründen vorgenommenen Berechnung zurückbleibt.

(2) Im Fall des § 7 Abs. 1 Ziff. 10 der Steuerordnung setzt die Gewährung dieser Vergünstigung (Ziff. 78 Abs. 1) einen vor Eintritt des Tatbestandes von § 7 Abs. 1 Ziff. 10 erfolgten Wechsel der Inhaber der Gesellschaftsrechte voraus. Waren alle Gesellschaftsrechte schon vor dem Erwerb des Grundstücks in der Hand der Person oder Personen vereinigt, die später das Grundstück in ihr persönliches Eigentum überführt haben (vgl. AusfBest. Ziff. 12 Abs. 5), so ist eine Ermäßigung der Steuer aus dem obigen Zweckgedanken nicht gerechtfertigt und daher zu versagen.

(3) Bei der Weiterveräußerung von Grundstücken durch Auslandsdeutsche (§ 7 Abs. 1 Ziff. 11 d. StO.) und Siedler (§ 7 Abs. 1 Ziff. 12 d. StO.) ist die Vergünstigung trotz des Vorliegens der sonstigen Voraussetzungen (Abs. 1) zu versagen, wenn die Weiterveräußerung erkennen läßt, daß das Grundstück entgegen dem der Gewährung der Vergünstigung zugrunde liegenden Zweckgedanken nicht als dauernde Kapitalsanlage sondern zu Spekulationszwecken erworben worden ist. Diese Annahme ist insbesondere geboten, wenn die Weiterveräußerung verhältnismäßig kurze Zeit nach dem Erwerb durch Auslandsdeutsche oder Siedler stattfindet und besondere Umstände, die die alsbaldige Veräußerung des Grundstücks rechtfertigen, nicht nachgewiesen werden können.

79. Persönliche Härten.

(1) Eine persönliche Härte liegt dann vor, wenn die Forderung der Steuer in der veranlagten Höhe sich im Einzelfall nach den persönlichen und wirtschaftlichen Verhältnissen des betreffenden Steuerpflichtigen als untragbar darstellt, insbesondere wenn die

Einziehung der Steuer die wirtschaftliche Existenz des Steuerpflichtigen ernstlich gefährdet (vgl. AusfBest. Ziff. 80). Wann eine derartige untragbare Härte vorliegt, bleibt der pflichtgemäßen Prüfung und dem freien Ermessen des Steueramts überlassen. Die geschuldete Steuer muß gerade von diesem Steuerschuldner nicht getragen werden können.

(2) Da die Steuer den unverdienten Wertzuwachs bei der Veräußerung eines Grundstücks erfaßt, so dürfen für die Anwendung von Billigkeitsmaßnahmen aus persönlichen Gründen nur die Verhältnisse des Veräußerers in Betracht gezogen werden, da ausschließlich in dessen Person der Wertzuwachs entstanden ist. Die persönlichen Verhältnisse des Erwerbers sind auch dann nicht zu berücksichtigen, wenn er die Steuer vertraglich übernommen hat. Die Bestimmung des § 24 Abs. 3 der Steuerordnung, wonach in diesen Fällen der Erwerber sofort als Steuerschuldner herangezogen werden kann, ist nur eine Einziehungsmaßnahme und für die Billigkeitserwägungen des § 33 ohne Bedeutung. Hat der Erwerber die Wertzuwachssteuer dagegen vertraglich nicht übernommen und wird er nunmehr auf Grund seiner Haftung herangezogen, so ist es grundsätzlich zulässig, seine persönlichen Verhältnisse auf Antrag zu berücksichtigen. Eingeschränkt wird diese Möglichkeit allerdings durch die Voraussetzung, daß der Erwerber mit seiner Inanspruchnahme nicht hat rechnen können. Hat er es schuldhafterweise unterlassen, die Zahlung der Steuer durch den Veräußerer sicherzustellen, so wird er zum mindesten damit nicht gehört werden können, daß seine Inanspruchnahme als solche bereits eine unbillige Härte bedeute.

(3) Bei der Anwendung des Billigkeitsparagraphen aus persönlichen Gründen ist davon auszugehen, daß nicht jede Härte schon eine Steuerermäßigung rechtfertigt. Der Härteparagraph ist insonderheit nicht dazu bestimmt, die nach den Vorschriften der Steuerordnung errechnete Steuer dem wirtschaftlichen Ergebnis anzupassen, vielmehr bleibt der Umstand, daß bei einer Grundstücksveräußerung, wirtschaftlich betrachtet, kein Gewinn erzielt worden ist, grundsätzlich außer Betracht, da nach der ständigen Rechtsprechung des Oberverwaltungsgerichts nicht der subjektive Gewinn des Veräußerers erfaßt werden soll, sondern der objektive Wertzuwachs, der sich nach ganz bestimmten, in der Steuerordnung niedergelegten Weisungen errechnet (vgl. AusfBest. Ziff. 16 Abs. 1). Ebenso entspricht es nicht dem Zweckgedanken des Härteparagraphen, Geschäftsschulden und Verbindlichkeiten, die in keinem ursächlichen Zusammenhang zu dem veräußerten Grundstück stehen, auszugleichen. Dies gilt sowohl für allgemeine geschäftliche Verluste, die mit dem veräußerten Grundstück nicht zusammenhängen, als auch für gewisse Einbußen, die das Grundstück selbst betreffen. So hat z. B. die Steuerordnung in bewußtem Gegensatz zum Reichszuwachssteuergesetz (§ 22 Ziff. 2) den Minderertrag eines Hauses nicht berücksichtigt; ein solcher Minderertrag darf daher nicht etwa im Billigkeitswege ausgeglichen werden.

(4) Die Prüfung, ob in der Forderung der gesetzlichen Steuer eine untragbare Härte liegt, ist stets auf den Zeitpunkt der Grundstücksveräußerung abzustellen. Später eingetretene Ereignisse sind

grundsätzlich nicht zu berücksichtigen und dürfen insbesondere nicht zu einer Erstattung bereits entrichteter Steuerbeträge führen.

(5) Das Ausmaß der Ermäßigung bei persönlichen Härten soll sich auf 3% des Veräußerungspreises beschränken.

80. Existenzgefährdung.

Unter den Begriff der persönlichen Härte fällt auch der Tatbestand der sog. Existenzgefährdung, der für die Steuerbehörde den wichtigsten Anwendungsfall des Billigkeitsparagraphen bildet. Existenzgefährdung liegt vor, wenn die Einziehung der Steuer, insbesondere ihre zwangsweise Beitreibung, geeignet wäre, dem Steuerpflichtigen die Grundlagen seines wirtschaftlichen Bestandes zu entziehen. Existenz in diesem Sinne bedeutet nur das unbedingt Notwendige zum Lebensunterhalt. Solange die Lebenshaltung des Steuerpflichtigen hierüber hinausgeht, ist seine Existenz nicht gefährdet und ein Grund, die Steuer aus Billigkeitsgründen herabzusetzen, nicht gegeben. Im übrigen ist, sofern drohende Existenzgefährdung geltend gemacht wird, stets zu prüfen, ob ein Verzicht gerade auf die Wertzuwachssteuer überhaupt geeignet ist, den bevorstehenden Zusammenbruch des Steuerschuldners aufzuhalten. Nur dann, wenn begründete Aussicht besteht, daß der Steuerschuldner überhaupt in der Lage ist, seine wirtschaftliche Existenz zu erhalten, ist die Möglichkeit gegeben, ihn durch Anwendung des Härteparagraphen zu unterstützen. Der Nachweis, daß auch andere Gläubiger des Steuerpflichtigen zum mindesten entsprechende Opfer gebracht haben, ist daher unerläßlich.

81. Billigkeitsanträge und Rechtsmittel.

(1) Der Härteparagraph gewährt dem Steuerpflichtigen keinen Anspruch dahingehend, daß alles das, was im Veranlagungs- und Rechtsmittelverfahren unerörtert und unberücksichtigt geblieben ist, nunmehr im Billigkeitsverfahren nachgeholt werden kann. Denn § 33 der Steuerordnung ist nach dem Willen des Gesetzgebers weder eine allgemeine Ergänzung der gesamten vorangegangenen Steuerordnung im Sinne einer uneingeschränkten Wiedereinsetzung in den vorigen Stand noch überhaupt Grundlage für die Prüfung, ob die Steuer in der geforderten Höhe gesetzlich begründet ist. Die Anwendung der Steuerordnung auf den Steuertatbestand und die Prüfung, ob das Steuergesetz richtig angewandt worden ist, ist vielmehr ausschließlich Sache des Einspruchs- bzw. Verwaltungsstreitverfahrens und die Anwendung des § 33 findet in der formellen Rechtskraft der Veranlagung insofern ihre Grenze, als der Steuerpflichtige nach Eintritt der Rechtskraft der Veranlagung mit allen Rügen rechtlicher Natur im Billigkeitsverfahren nicht mehr zu hören ist. Hat der Steuerpflichtige die Veranlagung der Steuer in Rechtskraft übergehen lassen, so muß er das rechtskräftig festgestellte Recht gegen sich gelten lassen. Selbst dann, wenn es der Steuerpflichtige aus entschuldbarem Irrtum unterlassen hat, gegen die jeweils vorliegende Entscheidung das gesetzlich vorgesehene Rechtsmittel einzulegen und selbst wenn die Steuerbehörde bei Prüfung des Billig-

keitsantrages zu der Überzeugung gelangt, daß der Steuerpflichtige durch eine unzweifelhaft vorliegende Gesetzesverletzung beschwert ist, bleibt es stets in das Ermessen der Steuerbehörde gestellt, ob sie diese Beschwernis im Billigkeitsverfahren ausräumen will; einen im Beschwerdeverfahren verfolgbaren Anspruch hierauf hat der Steuerpflichtige nicht. Liegt ein entschuldbarer Irrtum nicht vor oder ist die Rechtslage zweifelhaft, so ist ein Anlaß, die formelle Rechtskraft zugunsten des Steuerpflichtigen zu durchbrechen, in keinem Fall gegeben.

(2) Die Bedeutung der formellen Rechtskraft der Veranlagung bei der Anwendung des Billigkeitsparagraphen darf jedoch nicht Veranlassung geben, dem Steuerpflichtigen die Durchführung aussichtsloser Verwaltungsstreitverfahren aufzuerlegen, zumal wenn es sich um bereits ausgetragene Rechtsfragen handelt. Werden vor Eintritt der Rechtskraft der Veranlagung Anträge gestellt, mit denen über das Einspruchsbegehren hinaus Ermäßigung der Steuer aus Billigkeitsgründen erstrebt wird, so darf die Bearbeitung dieser Anträge nicht von der Zurücknahme des ordentlichen Rechtsmittels (Einspruch, Klage, Revision) abhängig gemacht werden. Es entspricht vielmehr dem Grundsatz der Verwaltungsvereinfachung, wenn schon während des Einspruchs oder Verwaltungsstreitverfahrens die Steuerbehörde sich darüber bindend erklärt, ob und in welchem Maße sie glaubt, eine Herabsetzung der Steuer aus Billigkeitsgründen vornehmen zu können. Der Steuerpflichtige hat sich dann zu entscheiden, ob er auf seinem Einspruchs- oder Klagebegehren beharren oder sein Rechtsmittel zurücknehmen will. Wählt er den letzteren Weg, so bestehen gegen den formellen Ausspruch der Billigkeitsermäßigung keine Bedenken; setzt er das Einspruchs- oder Verwaltungsstreitverfahren fort, so ist es Sache der Steuerbehörde, nach Lage des Falles zu entscheiden, ob eine formelle Billigkeitsentscheidung schon jetzt zu treffen oder der Eintritt der Rechtskraft abzuwarten ist.

82. Rechtsbehelfe.

(1) Gegen die Entscheidung über Anträge, mit denen eine Ermäßigung oder ein Erlaß der Steuer aus Billigkeitsgründen erstrebt worden ist, steht dem Steuerpflichtigen lediglich die allgemeine Aufsichtsbeschwerde zu.

Zu § 34.

83. Rechtswirksamkeit der Steuerordnung.

(1) Die Steuerordnung hat Rechtswirksamkeit vom 1. April 1929 ab, d. h. alle nach dem 31. März 1929 eingetretenen, den Übergang des Eigentums an Grundstücken und Grundstücksteilen betreffenden Rechtsvorgänge unterliegen der Besteuerung nach den Bestimmungen dieser Ordnung.

(2) Der Nachtrag vom 10. Juni 1931 ist mit dem 30. Juni 1931 in Kraft getreten und erfaßt daher alle Tatbestände, die sich nach

dem 29. Juni 1931 verwirklicht haben. Soweit Tatbestände aus der Zeit vom 1. April 1929 bis 29. Juni 1931 nach diesem letzteren Zeitpunkt zur Versteuerung gelangen, gilt auch für sie das Recht des Nachtrages vom 10. Juni 1931, soweit es für den Steuerpflichtigen günstigere Bestimmungen enthält als die seit dem 1. April 1929 geltende Steuerordnung vom 28. März 1928[61]). Ausgenommen sind hiervon die Bestimmungen des § 7 Abs. 1 Ziff. 9a und des § 14 Abs. 2 der Steuerordnung, die kraft Reichsrechts vom 1. Oktober 1930 ab rechtswirksam geworden sind.

Berlin, den 14. Dezember 1931.

Der Oberbürgermeister.
Dr. Sahm.

---

[61]) OVG. v. 8. 2. 29 — VII C 74/28 — (Bd. 84 S. 129) und OVG. v. 27. 3. 31 — VII C 177/30.

Anlage 1.

Zu § 12 — Ziff. 26, Abs. 1 — (Umrechnungstabelle).

Zeit	Wert von .... Papiermark	Wert in GM
1918		
Januar—Juni .	10	8,00
Juli	10	7,14
August	10	6,90
Sept.—Okt. . .	10	6,45
November . . .	10	5,71
Dezember . . .	10	5,00
1919		
Januar	10	5,13
Februar . . .	10	4,65
März	10	4,00
April	10	3,41
Mai	10	3,32
Juni	10	3,11
Juli	10	2,86
August	10	2,29
September . .	10	1,88
Oktober	10	1,66
November . . .	10	1,26
Dezember . . .	10	1,04
1920		
Januar 1.—10.	100	9,67
11.—20.	100	7,75
21.—31.	100	5,76
Februar 1.—10.	100	4,90
11.—20.	100	5,06
21.—29.	100	4,86
März 1.—10.	100	4,87
11.—20.	100	6,12
21.—31.	100	5,79
April 1.—10.	100	7,00
11.—20.	100	6,99
21.—30.	100	7,10
Mai 1.—10	100	7,86
11.—20.	100	8,79
21.—31.	100	11,01

Zeit	Wert von .... Papiermark	Wert in GM
Juni 1.—10.	100	10,32
11.—20.	100	10,64
21.—30.	100	11,19
Juli 1.—10.	100	11,10
11.—20.	100	10,91
21.—31.	100	10,05
August 1.—10	100	9,23
11.—20.	100	8,83
21.—31.	100	8,40
Sept. 1.—10.	100	8,24
11.—20.	100	6,80
21.—31.	100	6,80
Okt. 1.—10.	100	6,87
11.—20.	100	6,39
21.—31.	100	6,22
Novbr. 1.—10.	100	5,57
11.—20.	100	5,83
21.—30.	100	6,65
Dezbr. 1.—10.	100	6,38
11.—20.	100	6,27
21.—31.	100	6,20
1921		
Januar 1.—10.	100	6,05
11.—20.	100	6,62
21.—31.	100	7,41
Febr. 1.—10.	100	6,90
11.—20.	100	7,26
21.—28.	100	7,01
März 1.—10.	100	7,01
11.—20.	100	7,09
21.—31.	100	7,12
April 1.—10.	100	7,24
11.—20.	100	7,15
21.—31.	100	6,77

Zeit		Wert von .... Papiermark	in GM	Zeit		Wert von .... Papiermark	in GM
Mai	1.—10.	100	6,77	Juni	1.—10.	100	1,52
	11.—20.	100	7,42		11.—20.	100	1,37
	21.—31.	100	7,32		21.—30.	100	1,26
Juni	1.—10.	100	6,88	Juli	1.—10.	1 000	9,50
	11.—20.	100	6,61		11.—20.	1 000	9,70
	21.—30.	100	6,39		21.—31.	1 000	8,46
Juli	1.—10.	100	6,34	August	1.—10.	1 000	6,06
	11.—20.	100	6,25		11.—20.	1 000	4,88
	21.—31.	100	5,88		21.—31.	1 000	3,16
August	1.—10.	100	5,32	Sept.	1.—10.	1 000	3,33
	11.—20.	100	4,96		11.—20.	1 000	3,09
	21.—31.	100	5,01		21.—30.	1 000	3,05
Sept.	1.—10.	100	4,82	Oktob.	1.—10.	1 000	2,13
	11.—20.	100	4,31		11.—20.	1 000	1,65
	21.—30.	100	4,07		21.—31.	1 000	1,11
Oktob.	1.—10.	100	3,88	Novbr.	1.—10.	10 000	7,60
	11.—20.	100	3,23		11.—20.	10 000	6,79
	21.—31.	100	2,98		21.—30.	10 000	6,62
Novbr.	1.—10.	100	2,24	Dezbr.	1.—10.	10 000	5,80
	11.—20.	100	2,06		11.—20.	10 000	6,18
	21.—30.	100	1,92		21.—31.	10 000	6,34
Dezbr.	1.—10.	100	2,37	**1923**			
	11.—20.	100	2,56	Januar	1.—10.	10 000	4,94
	21.—31.	100	2,55		11.—20.	10 000	3,22
1922					21.—31.	10 000	1,87
Januar	1.—10.	100	2,52	Febr.	1.—10.	10 000	1,85
	11.—20.	100	2,50		11.—20.	10 000	1,87
	21.—31.	100	2,28		21.—28.	10 000	1,86
Februar	1.—10.	100	2,30	März	1.—10.	10 000	1,95
	11.—20.	100	2,24		11.—20.	10 000	2,06
	21.—28.	100	2,08		21.—31.	10 000	2,04
März	1.—10.	100	1,86	April	1.—10.	10 000	2,02
	11.—20.	100	1,70		11.—20.	10 000	1,92
	21.—31.	100	1,43		21.—30.	10 000	1,57
April	1.—10.	100	1,43	Mai	1.—10.	10 000	1,29
	11.—20.	100	1,50		11.—20.	10 000	1,09
	21.—30.	100	1,59		21.—31.	100 000	8,40
Mai	1.—10.	100	1,50	Juni	1. . .	100 000	6,47
	11.—20.	100	1,49		2. . .	100 000	6,82
	21.—31.	100	1,51		4. . .	100 000	6,83

Zeit		Wert von .... Papiermark	Wert in GM	Zeit		Wert von .... Papiermark	Wert in GM
Juni	5. . .	100 000	6,71	August	6. . .	1 Million	1,68
	6. . .	100 000	6,30		7. . .	1 „	1,32
	7. . .	100 000	6,17		8. . .	1 „	1,18
	8. . .	100 000	6,18		9. . .	1 „	1,20
	9. . .	100 000	6,09		10. . .	1 „	1,33
	11. . .	100 000	5,79		13. . .	1 „	1,42
	12. . .	100 000	5,29		14. . .	1 „	1,50
	13. . .	100 000	4,94		15. . .	1 „	1,47
	14. . .	100 000	4,73		16. . .	1 „	1,25
	15. . .	100 000	4,26		17. . .	10 Millionen	9,81
	16. . .	100 000	3,86		20. . .	10 „	8,44
	18. . .	100 000	3,66		21. . .	10 „	7,98
	19. . .	100 000	3,80		22. . .	10 „	8,51
	20. . .	100 000	3,79		23. . .	10 „	8,46
	21. . .	100 000	3,82		24. . .	10 „	7,90
	22. . .	100 000	3,89		27. . .	10 „	6,86
	23. . .	100 000	3,94		28. . .	10 „	5,45
	25. . .	100 000	3,58		29. . .	10 „	4,86
	26. . .	100 000	3,26		30. . .	10 „	4,67
	27. . .	100 000	3,03		31. . .	10 „	4,53
	28. . .	100 000	3,00				
	29. . .	100 000	2,92	Sept.	3. . .	10 „	3,62
	30. . .	100 000	2,87		4. . .	10 „	2,42
					5. . .	10 „	1,51
Juli	2. . .	100 000	2,73		6. . .	10 „	1,17
	3. . .	100 000	2,68		7. . .	100 „	9,43
	4. . .	100 000	2,54		10. . .	100 „	7,52
	5. . .	100 000	2,43		11. . .	100 „	6,29
	6. . .	100 000	2,37		12. . .	100 „	5,52
	7. . .	100 000	2,32		13. . .	100 „	4,70
	9. . .	100 000	2,28		14. . .	100 „	3,84
	10. . .	100 000	2,25		17. . .	100 „	2,97
	11. . .	100 000	2,25		18. . .	100 „	2,59
	12. . .	100 000	2,21		19. . .	100 „	2,73
	13. . .	100 000	2,10		20. . .	100 „	2,87
	16. . .	100 000	1,99		21. . .	100 „	3,33
	17. . .	100 000	1,75		24. . .	100 „	3,20
	19. . .	100 000	1,52		25. . .	100 „	3,23
	20. . .	100 000	1,33		26. . .	100 „	2,94
	23. . .	1 Million	9,83		27. . .	100 „	2,31
	24. . .	1 „	8,39		28. . .	100 „	1,78
	26. . .	1 „	6,01				
	27. . .	1 „	5,16	Oktob.	1. . .	100 „	1,35
	30. . .	1 „	4,49		2. . .	100 „	1,07
	31. . .	1 „	4,37		3. . .	1 Milliarde	9,21
					4. . .	1 „	7,71
August	1. . .	1 „	3,98		5. . .	1 „	6,10
	3. . .	1 „	2,63		8. . .	1 „	3,38

Zeit	Wert von .... Papiermark	Wert in GM	Zeit	Wert von .... Papiermark	Wert in GM
Oktob. 9. . .	1 Milliarde	1,93	Novbr. 6. . .	1 Billion	7,69
10. . .	1 "	1,41	7. . .	1 "	6,97
11. . .	1 "	1,27	8. . .	1 "	7,12
12. . .	1 "	1,31	9. . .	1 "	7,28
15. . .	1 "	1,12	10. . .	1 "	6,70
16. . .	10 "	8,06	12. . .	1 "	5,27
17. . .	10 "	5,44	13. . .	1 "	3,19
18. . .	10 "	2,26	14. . .	1 "	1,72
19. . .	10 "	1,23	15. . .	1 "	1,67
22. . .	100 "	8,18	16. . .	1 "	1,36
23. . .	100 "	7,02	17. . .	1 "	1,15
24. . .	100 "	6,65	19. . .	1 "	1,00
25. . .	100 "	6,65	20. . .	1 "	1,00
26. . .	100 "	6,72	21. . .	1 "	1,00
27. . .	100 "	6,79	22. . .	1 "	1,00
29. . .	100 "	6,60	23. . .	1 "	1,00
30. . .	100 "	5,05	24. . .	1 "	1,00
31. . .	100 "	2,57	26. . .	1 "	1,00
			27. . .	1 "	1,00
Novbr. 1. . .	100 "	1,53	28. . .	1 "	1,00
2. . .	100 "	1,14	29. . .	1 "	1,00
3. . .	100 "	1,04	30. und		
5. . .	1 Billion	8,85	folgende Tage	1 "	1,00

Anlage 2.

Zu § 23 — Ziff. 45 Abs. 4 —.

bei einer Besitzdauer	Der Steuersatz beträgt bei einer Wertsteigerung[1])										
	bis ausschl. 20%	v. 20 bis 30%	v. 30 bis 40%	v. 40 bis 50%	v. 50 bis 60%	v. 60 bis 70%	v. 70 bis 80%	v. 80 bis 90%	v. 90 bis 100%	v. 100 bis 110%	v. 110 und mehr %
	Prozente des Wertzuwachses										
bis zu 1 Jahr	20	24	28	30	30	30	30	30	30	30	30
" " 2 "	18	21,6	25,2	28,8	30	30	30	30	30	30	30
" " 3 "	16	19,2	22,4	25,6	28,8	30	30	30	30	30	30
" " 4 "	14	16,8	19,6	22,4	25,2	28	30	30	30	30	30
" " 5 "	12	14,4	16,8	19,2	21,6	24	26,4	28,8	30	30	30
" " 6 "	10	12	14	16	18	20	22	24	26	28	30
" " 7 "	10	12	14	16	18	20	22	24	26	28	30
mehr als 7 "	9,5	11,5	13,5	15,5	17,5	19,5	21,5	23,5	25,5	27,5	29,5
" " 8 "	9	11	13	15	17	19	21	23	25	27	29
" " 9 "	8,5	10,5	12,5	14,5	16,5	18,5	20,5	22,5	24,5	26,5	28,5
" " 10 "	8	10	12	14	16	18	20	22	24	26	28
" " 11 "	7,5	9,5	11,5	13,5	15,5	17,5	19,5	21,5	23,5	25,5	27,5
" " 12 "	7	9	11	13	15	17	19	21	23	25	27
" " 13 "	6,5	8,5	10,5	12,5	14,5	16,5	18,5	20,5	22,5	24,5	26,5
" " 14 "	6	8	10	12	14	16	18	20	22	24	26
" " 15 "	5,5	7,5	9,5	11,5	13,5	15,5	17,5	19,5	21,5	23,5	25,5
" " 16 "	5	7	9	11	13	15	17	19	21	23	25
" " 17 "	4,5	6,5	8,5	10,5	12,5	14,5	16,5	18,5	20,5	22,5	24,5
" " 18 "	4	6	8	10	12	14	16	18	20	22	24
" " 19 "	3,5	5,5	7,5	9,5	11,5	13,5	15,5	17,5	19,5	21,5	23,5
" " 20 "	3	5	7	9	11	13	15	17	19	21	23
" " 21 "	2,5	4,5	6,5	8,5	10,5	12,5	14,5	16,5	18,5	20,5	22,5
" " 22 "	2	4	6	8	10	12	14	16	18	20	22
" " 23 "	1,5	3,5	5,5	7,5	9,5	11,5	13,5	15,5	17,5	19,5	21,5
" " 24 "	1	3	5	7	9	11	13	15	17	19	21
" " 25 "	0,5	2,5	4,5	6,5	8,5	10,5	12,5	14,5	16,5	18,5	20,5
" " 26 "	frei	2	4	6	8	10	12	14	16	18	20
" " 27 "	—	1,5	3,5	5,5	7,5	9,5	11,5	13,5	15,5	17,5	19,5
" " 28 "	—	1	3	5	7	9	11	13	15	17	19
" " 29 "	—	0,5	2,5	4,5	6,5	8,5	10,5	12,5	14,5	16,5	18,5
" " 30 "	—	frei	2	4	6	8	10	12	14	16	18
" " 31 "	—	—	1,5	3,5	5,5	7,5	9,5	11,5	13,5	15,5	17,5
" " 32 "	—	—	1	3	5	7	9	11	13	15	17
" " 33 "	—	—	0,5	2,5	4,5	6,5	8,5	10,5	12,5	14,5	16,5

bei einer Besitzdauer	Der Steuersatz beträgt bei einer Wertsteigerung[1]) bis ausschl. 20%	v. 20 bis 30%	v. 30 bis 40%	v. 40 bis 50%	v. 50 bis 60%	v. 60 bis 70%	v. 70 bis 80%	v. 80 bis 90%	v. 90 bis 100%	v. 100 bis 110%	v. 110 und mehr %
	Prozente des Wertzuwachses										
mehr als 34 Jahr	—	—	frei	2	4	6	8	10	12	14	16
" " 35 "	—	—	—	1,5	3,5	5,5	7,5	9,5	11,5	13,5	15,5
" " 36 "	—	—	—	1	3	5	7	9	11	13	15
" " 37 "	—	—	—	0,5	2,5	4,5	6,5	8,5	10,5	12,5	14,5
" " 38 "	—	—	—	frei	2	4	6	8	10	12	14
" " 39 "	—	—	—	—	1,5	3,5	5,5	7,5	9,5	11,5	13,5
" " 40 "	—	—	—	—	1	3	5	7	9	11	13
" " 41 "	—	—	—	—	0,5	2,5	4,5	6,5	8,5	10,5	12,5
" " 42 "	—	—	—	—	frei	2	4	6	8	10	12
" " 43 "	—	—	—	—	—	1,5	3,5	5,5	7,5	9,5	11,5
" " 44 "	—	—	—	—	—	1	3	5	7	9	11
" " 45 "	—	—	—	—	—	0,5	2,5	4,5	6,5	8,5	10,5
" " 46 "	—	—	—	—	—	frei	2	4	6	8	10
" " 47 "	—	—	—	—	—	—	1,5	3,5	5,5	7,5	9,5
" " 48 "	—	—	—	—	—	—	1	3	5	7	9
" " 49 "	—	—	—	—	—	—	0,5	2,5	4,5	6,5	8,5
" " 50 "	—	—	—	—	—	—	frei	2	4	6	8
" " 51 "	—	—	—	—	—	—	—	1,5	3,5	5,5	7,5
" " 52 "	—	—	—	—	—	—	—	1	3	5	7
" " 53 "	—	—	—	—	—	—	—	0,5	2,5	4,5	6,5
" " 54 "	—	—	—	—	—	—	—	frei	2	4	6
" " 55 "	—	—	—	—	—	—	—	—	1,5	3,5	5,5
" " 56 "	—	—	—	—	—	—	—	—	1	3	5
" " 57 "	—	—	—	—	—	—	—	—	0,5	2,5	4,5
" " 58 "	—	—	—	—	—	—	—	—	frei	2	4
" " 59 "	—	—	—	—	—	—	—	—	—	1,5	3,5
" " 60 "	—	—	—	—	—	—	—	—	—	1	3
" " 61 "	—	—	—	—	—	—	—	—	—	0,5	2,5
" " 62 "	—	—	—	—	—	—	—	—	—	frei	2
" " 63 "	—	—	—	—	—	—	—	—	—	—	1,5
" " 64 "	—	—	—	—	—	—	—	—	—	—	1
" " 65 "	—	—	—	—	—	—	—	—	—	—	0,5
" " 66 "	—	—	—	—	—	—	—	—	—	—	frei

[1]) Der Prozentsatz der Wertsteigerung ergibt sich aus dem prozentualen Verhältnis, in dem der aus der Gegenüberstellung von Erwerbs- und Veräußerungspreis sich errechnende Wertzuwachs (§ 8) zu dem Erwerbspreis zuzüglich der Aufwendungen steht.

Anlage 3.

(Zu Ziff. 73).

Die angezogenen Bestimmungen der Reichsabgabenordnung folgen hierunter in der Fassung der Bekanntmachung vom 22. Mai 1931. Die Bezeichnung der in Betracht kommenden Paragraphen der Reichsabgabenordnung in § 30 der StO. entspricht der früheren Fassung. Soweit hierin eine Änderung eingetreten ist, ist die bisherige zahlenmäßige Bezeichnung der Paragraphen in Klammern hinter die nunmehr geltende gesetzt.

§ 102 (83).

(1) Für die Geschäftsfähigkeit von Privatpersonen gelten in Steuersachen die Vorschriften des bürgerlichen Rechtes.

(2) Das gleiche gilt von der Vertretung und Vollmacht, soweit in den §§ 103 bis 111 nichts anderes vorgeschrieben ist.

§ 103 (84).

Die gesetzlichen Vertreter juristischer Personen und solcher Personen, die geschäftsunfähig oder in der Geschäftsfähigkeit beschränkt sind, haben alle Pflichten zu erfüllen, die den Personen, die sie vertreten, obliegen; insbesondere haben sie dafür zu sorgen, daß die Steuern aus den Mitteln, die sie verwalten, entrichtet werden. Für Zwangsgeldstrafen und Sicherungsgelder, die gegen sie erkannt, und für Kosten von Zwangsmitteln, die gegen sie festgesetzt werden, haften neben ihnen die von ihnen vertretenen Personen.

§ 104 (85).

Steht eine Vermögensverwaltung nach Gesetz, Anordnung der Behörde oder letztwilliger Verfügung anderen Personen zu als den Eigentümern oder deren gesetzlichen Vertretern, so haben sie, soweit ihre Verwaltung reicht, die gleiche Pflicht (§ 103).

§ 105 (86).

(1) Bei Personenvereinigungen, die als solche steuerpflichtig sind, aber keine eigene Rechtspersönlichkeit besitzen, haben die Vorstände oder Geschäftsführer und, soweit solche nicht vorhanden sind, die Mitglieder die Pflichten zu erfüllen, die den Personenvereinigungen wegen der Besteuerung auferlegt sind. Die §§ 103, 104 gelten entsprechend.

(2) Das gleiche gilt für Zweckvermögen und sonstige einer juristischen Person ähnliche Gebilde, die als solche der Besteuerung unterliegen.

(3) Entstehen dadurch Schwierigkeiten, daß es in den Fällen der ersten beiden Absätze an Vorständen oder Geschäftsführern fehlt und Beteiligte in größerer Zahl vorhanden sind, so haben die Beteiligten einen oder mehrere Bevollmächtigte im Inland zu stellen. Unterlassen sie dies, so kann das Finanzamt einen oder einzelne Beteiligte als Bevollmächtigte mit Wirkung für die Gesamtheit behandeln.

§ 106 (87).

(1) Bei Wegfall eines Steuerpflichtigen (Tod, Auflösung einer juristischen Person, einer Personenvereinigung oder eines Zweckvermögens) haben die Rechtsnachfolger, Testamentsvollstrecker, Erbschaftsbesitzer (§ 2018 des Bürgerlichen Gesetzbuchs), Pfleger, Liquidatoren, Verwalter und die Bevollmächtigten dieser Personen dafür zu sorgen, daß Mittel zur Bezahlung der vorher entstandenen Steuerschulden (§ 99 Abs. 1) zurückgehalten und diese Steuerschulden bezahlt werden. Auf Verlangen ist aus dem Nachlaß oder der Masse Sicherheit zu leisten.

(2) Die gleichen Pflichten haben wegen der Steuern, die aus einem Nachlaß zu entrichten sind, die Erben, Testamentsvollstrecker, Erbschaftsbesitzer, Pfleger, Verwalter und die Bevollmächtigten dieser Personen.

(3) Ist zweifelhaft, wer zur Vertretung eines Nachlasses oder eines sonst verbleibenden Vermögens befugt ist, so hat das Nachlaßgericht und beim Wegfall einer juristischen Person oder eines dieser ähnlichen Gebildes das Amtsgericht des nach § 73 Abs. 5 Nr. 2 zuständigen Ortes auf Antrag des Finanzamts einen Pfleger für den Nachlaß oder die sonstige Masse zu bestellen; der Pfleger hat die Stellung eines Nachlaßpflegers im Sinne des § 1961 des Bürgerlichen Gesetzbuchs. Die Steueransprüche können gegen ihn geltend gemacht werden, und er ist befugt, Rechtsmittel gegen die Heranziehung einzulegen.

§ 107 (88).

(1) Wer durch Abwesenheit oder sonst verhindert ist, Pflichten zu erfüllen, die ihm im Interesse der Besteuerung obliegen, oder Rechte wahrzunehmen, die ihm nach den Steuergesetzen zustehen, kann dies durch Bevollmächtigte tun.

(2) Bevollmächtigte, die aus der Erteilung von Rat und Hilfe in Steuersachen ein Geschäft machen oder denen die Fähigkeit zum geeigneten schriftlichen oder mündlichen Vortrag mangelt, können zurückgewiesen werden.

(3) Abs. 2 gilt nicht:

1. für Rechtsanwälte oder Notare;
2. für Vertreter beruflicher und gewerkschaftlicher Vereinigungen hinsichtlich des von ihnen in dieser Eigenschaft vertretenen Personenkreises;
3. für Personen, die von einem Landesfinanzamt zugelassen worden sind; das Landesfinanzamt kann die Zulassung jederzeit zurücknehmen.

(4) Die Finanzämter können auch sonst Bevollmächtigte zulassen; es bleibt ihnen aber unbenommen, sich neben dem Bevollmächtigten an den Steuerpflichtigen selbst zu wenden.

(5) Der Steuerpflichtige kann sich in jeder Lage des Verfahrens eines Beistandes bedienen. Auf den Beistand finden die Vorschriften der Abs. 2, 3 Anwendung.

(6) Eine Vereinbarung, durch die als Entgelt für die Tätigkeit eines Vertreters oder Beistandes ein Teil an der von ihm zu erzielenden Steuerermäßigung oder Steuerersparung ausbedungen wird, ist nichtig.

§ 108 (89).

Wer als Bevollmächtigter oder als Verfügungsberechtigter auftritt, hat die Pflichten eines gesetzlichen Vertreters (§ 103). Für Zwangsgeldstrafen und Sicherungsgelder, die gegen ihn erkannt, und für Kosten von Zwangsmitteln, die gegen ihn festgesetzt werden, haftet neben ihm der Vertretene.

§ 109 (90).

(1) Die Vertreter und die übrigen in den §§ 103 bis 108 bezeichneten Personen haften insoweit persönlich neben dem Steuerpflichtigen, als durch schuldhafte Verletzung der ihnen in den §§ 103 bis 108 auferlegten Pflichten Steueransprüche verkürzt oder Erstattungen oder Vergütungen zu Unrecht gewährt worden sind. Zur Geltendmachung dieser Ersatzansprüche bedarf es der Zustimmung des Landesfinanzamts.

(2) Rechtsanwälte sind wegen Handlungen, die sie in Ausübung ihres Berufs bei der Beratung in Steuersachen vorgenommen haben, dem Reiche gegenüber nur dann schadenersatzpflichtig, wenn diese Handlungen eine Verletzung ihrer Berufspflicht enthalten; ob eine solche Verletzung der Berufspflicht vorliegt, wird auf Antrag des Landesfinanzamts im ehrengerichtlichen Verfahren entschieden.

§ 110 (91).

Das Erlöschen der Vertretungsmacht oder der Vollmacht läßt die Pflichten der Vertreter und Bevollmächtigten unberührt, soweit es sich um die vorangegangene Zeit handelt.

§ 111 (92).

(1) Wenn Vertreter, Verwalter oder Bevollmächtigte im Sinne der §§ 103 bis 108 bei Ausübung ihrer Obliegenheiten Steuerhinterziehungen oder Steuergefährdungen begehen (§§ 396, 402), so haften die Vertretenen für die verkürzten Steuereinnahmen und die zu Unrecht gewährten oder belassenen Steuervorteile.

(2) Das gleiche gilt für den Geschäftsherrn oder den Haushaltungsvorstand, wenn Angestellte oder sonst im Dienste oder Lohne stehende Personen sowie Familien- und Haushaltungsangehörige bei Ausübung von Obliegenheiten, die sie im Interesse dieser Personen wahrnehmen, Steuerhinterziehungen oder Steuergefährdungen begehen; diese Haftung tritt jedoch, sofern sie nicht aus anderen Gründen besteht, nicht ein, wenn festgestellt wird, daß die Steuerhinterziehung oder Steuergefährdung ohne Wissen des Geschäftsherrn oder des Haushaltungsvorstandes oder einer zu seiner Vertretung nach außen befugten Person begangen worden ist und die genannten Personen bei der Auswahl oder Beaufsichtigung der Angestellten oder der Beaufsichtigung der Familien- und Haushaltungsmitglieder die erforderliche Sorgfalt aufgewandt haben.

§ 113 (93).

Wo Gesellschaften, Vereine oder Genossenschaften als solche der Besteuerung unterliegen, gelten für die persönliche Haftung der einzelnen Gesellschafter und Mitglieder sinngemäß die Vorschriften des bürgerlichen Rechtes.

§ 114 (94).

Sind mehrere nebeneinander verpflichtet, so kommt die Erfüllung der Pflicht durch einen Verpflichteten den anderen Verpflichteten zustatten, soweit ihrer eigenen Pflicht dadurch genügt wird und es für das Finanzamt nicht von Wert ist, daß die Pflicht auch von den anderen Beteiligten erfüllt wird.

§ 115 (95).

(1) Personen, die nebeneinander für eine Steuerschuld oder eine andere aus den Steuergesetzen entspringende Geldschuld haften, haften als Gesamtschuldner.

(3) Erben haften für die aus dem Nachlaß zu entrichtenden Steuern wie für Nachlaßverbindlichkeiten nach bürgerlichem Rechte. Die §§ 105, 106, 109, 117 bleiben unberührt.

§ 117 (97).

(1) Wenn nach dem Tode oder Wegfall eines Steuerpflichtigen die Testamentsvollstrecker, Pfleger, Liquidatoren, Verwalter und Erbschaftsbesitzer, welche nicht zugleich Rechtsnachfolger des Steuerpflichtigen sind, erkennen, daß Erklärungen, die der Steuerpflichtige zur Festsetzung oder Veranlagung von Steuern abgegeben hat, unrichtig oder unvollständig sind, oder daß er pflichtwidrig unterlassen hat, solche Erklärungen abzugeben, so haben sie dies binnen Monatsfrist dem Finanzamt anzuzeigen; andernfalls haften sie persönlich für die vorenthaltenen Steuerbeträge.

(3) Dasselbe gilt sinngemäß bei einem Wechsel in der Person des gesetzlichen Vertreters, Betriebsleiters oder Bevollmächtigten sowie dann, wenn eine gesetzliche Vertretung angeordnet wird.

§ 118 (98).

Das Finanzamt, das die Steuerschuld des Steuerpflichtigen festzusetzen hat, ist befugt, die Vertreter und Bevollmächtigten und die übrigen in den §§ 103 bis 108 bezeichneten Personen zur Erfüllung der ihnen obliegenden Verpflichtung anzuhalten und diejenigen, die neben dem Steuerpflichtigen oder an dessen Stelle persönlich für die Steuer haften (§ 97 Abs. 2), in Anspruch zu nehmen.

§ 119 (99).

(1) Wer neben dem Steuerpflichtigen oder an dessen Stelle persönlich auf Zahlung einer Steuer in Anspruch genommen wird (§ 97 Abs. 2), kann gegen seine Heranziehung die Rechtsmittel geltend machen, die dem Steuerpflichtigen zustehen. Die Frist zur Einlegung des Rechtsmittels beginnt mit Ablauf des Tages, an dem ihm der Beschluß über seine Heranziehung zugestellt oder, wenn keine Zustellung vorgeschrieben ist, bekannt gemacht worden ist.

(2) Ist die Steuerschuld dem Steuerpflichtigen gegenüber unanfechtbar festgestellt, so hat dies gegen sich gelten zu lassen, wer als Rechtsnachfolger des Steuerpflichtigen haftet oder wer in der Lage gewesen wäre, den gegen den Steuerpflichtigen erlassenen Bescheid als dessen Vertreter, Bevollmächtigter oder kraft eigenen Rechtes anzufechten.

§ 120 (100).

(1) Wenn jemand außer in den Fällen der §§ 103 bis 116 nach den Vorschriften des bürgerlichen Rechtes kraft Gesetzes verpflichtet ist, die Verbindlichkeiten eines anderen zu erfüllen oder wegen solcher Verbindlichkeiten die Zwangsvollstreckung in ein Vermögen zu dulden, das seiner Verwaltung unterliegt, so gilt diese Verpflichtung auch für die Steuerschulden des anderen. Soweit § 330 nichts anderes vorschreibt, gelten die Vorschriften des bürgerlichen Rechtes.

(2) Hat sich jemand durch Vertrag verpflichtet, eine Steuerschuld eines anderen zu bezahlen oder dafür einzustehen, so ist der Anspruch des Reichs nach den Vorschriften des bürgerlichen Rechtes zu verfolgen.

§ 132 (109).

(1) Eine Sicherheit kann der Steuerpflichtige nach seiner Wahl leisten durch

1. Hinterlegung von Geld,
2. Hinterlegung von Schuldverschreibungen des Reichs oder eines Landes,
3. Hinterlegung von Schuldverschreibungen der deutschen Schutzgebietsanleihen,
4. Hinterlegung von Schuldverschreibungen, deren Verzinsung das Reich oder ein Land gewährleistet hat,
5. Hinterlegung von inländischen Pfandbriefen und sonstigen von einer inländischen kommunalen Körperschaft oder der Kreditanstalt einer solchen Körperschaft ausgestellten Schuldverschreibungen, wenn die Wertpapiere vom Reichsrat oder durch landesgesetzliche Vorschriften für geeignet zur Anlegung von Mündelgeld erklärt worden sind,
6. Hinterlegung von sonstigen Wertpapieren, wenn sie bei der Reichsbank beleihbar sind,
7. Verpfändung des Anspruchs aus der Hinterlegung solcher Wertpapiere bei der Reichsbank oder einer andern vom Reichsminister der Finanzen bezeichneten Stelle,
8. Verpfändung eines Guthabens bei einer inländischen öffentlichen oder unter öffentlicher Aufsicht stehenden Sparkasse, wenn sie von der zuständigen Behörde des Landes, in dem sie ihren Sitz hat, zur Anlegung von Mündelgeld für geeignet erklärt ist, unter Übergabe des Sparkassenbuchs und einer Bescheinigung der Sparkasse, daß ihr die Verpfändung vom Verpfändenden mitgeteilt worden ist,
9. Verpfändung von Forderungen, die in das Reichsschuldbuch oder in das Staatsschuldbuch eines Landes eingetragen sind,
10. Verpfändung von sonstigen Schuldbuchforderungen, die bei der Reichsbank beleihbar sind,
11. Verpfändung von Forderungen, für die eine Hypothek an einem inländischen Grundstück besteht, oder Verpfändung von Grund- oder Rentenschulden an inländischen Grundstücken,
12. Bestellung von Hypotheken, Grund- oder Rentenschulden an inländischen Grundstücken.

(2) Mit den Wertpapieren sind die Zins-, Renten-, Gewinnanteil- und Erneuerungsscheine zu hinterlegen.

(3) Statt der Verpfändung genügt Abtretung zur Sicherheit.

(4) Ein unter Steuerverschluß befindliches Lager steuerpflichtiger Erzeugnisse gilt als genügende Sicherheit für die darauf lastende Steuer.

§ 133 (110).

(1) Im Falle des § 132 Abs. 1 Nr. 7 muß der Steuerpflichtige die Wertpapiere für eigene Rechnung hinterlegt haben. Außer der Niederlegungsbescheinigung ist eine Erklärung der Reichsbank zu überreichen, daß ihr die Verpfändung von dem Verpfändenden mitgeteilt worden ist; beizufügen ist eine Bescheinigung der Reichsbank, daß die in der Niederlegungsbescheinigung bezeichneten Papiere umlauffähig sind. Durch die Bescheinigung der Umlauffähigkeit übernimmt die Reichsbank die Haftung dafür,

1. daß das Rückforderungsrecht des Niederlegers durch gerichtliche Sperre und Beschlagnahme nicht beschränkt ist,
2. daß die niedergelegten Wertpapiere in den Sammellisten aufgerufener Wertpapiere nicht als gestohlen oder verloren gemeldet und weder mit Zahlungssperre belegt noch zur Kraftloserklärung aufgeboten oder für kraftlos erklärt worden sind,
3. daß sie auf den Inhaber lauten oder, falls sie auf den Namen ausgestellt sein sollten, mit Blankogiro versehen und auch sonst nicht gesperrt sind, daß der Stempelpflicht genügt ist und die Gewinnanteil- und Erneuerungsscheine bei den Stücken sind.

(2) Wird die Umlaufsbescheinigung der Reichsbank nicht gleich nach ihrer Ausstellung hinterlegt, so ist eine Bescheinigung der Reichsbank beizubringen, daß ihre Gültigkeit noch fortdauert.

(3) Diese Vorschriften gelten entsprechend bei der Verpfändung aus einer Hinterlegung bei den sonst nach § 132 Abs. 1 Nr. 7 zugelassenen Stellen.

§ 134 (111).

Hypothekenforderungen, Grund- oder Rentenschulden sind zur Sicherheitsleistung nur geeignet, wenn sie den Voraussetzungen entsprechen, unter denen in dem Lande, wo das belastete Grundstück liegt, Mündelgeld in Hypothekenforderungen, Grund- oder Rentenschulden angelegt werden darf.

§ 135 (112).

Soweit nicht anderes vorgeschrieben ist, bestimmt der Reichsminister der Finanzen, zu welchen Werten die im § 132 Abs. 1 Nr. 2 bis 12 aufgeführten Gegenstände als Sicherheit anzunehmen sind.

§ 136 (113).

Inwieweit der Pflichtige in anderer Weise nach seiner Wahl Sicherheit leisten kann, insbesondere durch Wechsel und Zahlungsversprechen, die von zahlungsfähigen Personen ausgestellt worden sind, oder durch taugliche Bürgen, bestimmt der Reichsminister der Finanzen.

§ 137 (114).

Andere als die in den §§ 132 bis 136 bezeichneten Werte kann das Finanzamt nach seinem Ermessen als Sicherheit annehmen. Vorzuziehen sind Vermögensgegenstände, die größere Sicherheit bieten oder bei Eintritt auch außerordentlicher Verhältnisse ohne erhebliche Schwierigkeit und innerhalb angemessener Frist verwertet werden können.

§ 138 (115).

Ist die Leistung von Sicherheiten der in den §§ 132 bis 137 bezeichneten Art in der dort geforderten Form für den Steuerpflichtigen mit Härten verbunden, so darf sich das Finanzamt mit anderen Sicherungen begnügen, z. B. mit der Annahme von gesperrten Sparkassenbüchern, Versicherungsscheinen oder Hypothekenbriefen.

§ 139 (116).

Mit der Hinterlegung erwirbt das Reich ein Pfandrecht am hinterlegten Gelde oder den hinterlegten Wertpapieren oder, wenn das Geld oder die Wertpapiere nach den gemäß § 142 Abs. 1 erlassenen Bestimmungen oder nach landesgesetzlicher Vorschrift in das Eigentum des Fiskus oder der als Hinterlegungsstelle bestimmten Anstalt übergehen, ein Pfandrecht an der Forderung auf Rückerstattung.

§ 140 (117).

Wer nach den §§ 132, 136, 137 Sicherheit geleistet hat, ist berechtigt, die Sicherheit oder einen Teil davon durch eine andere nach §§ 132, 136 geeignete Sicherheit zu ersetzen.

§ 141 (118).

Wird eine Sicherheit unzureichend, so ist sie zu ergänzen oder es ist anderweitige Sicherheit zu leisten.

§ 166 (168).

(1) Bei Steuererklärungen (Erklärungen, die nach Vorschrift der Gesetze oder Ausführungsbestimmungen als Unterlage für die Feststellung von Besteuerungsgrundlagen oder für die Festsetzung einer Steuer dienen) hat der Steuerpflichtige zu versichern, daß er die Angaben nach bestem Wissen und Gewissen gemacht hat. Die Erklärungen sind nach Form und Inhalt so abzugeben, wie es das Finanzamt nach den Gesetzen und Ausführungsbestimmungen vorschreibt. Die Versicherung kann nach Anordnung des Finanzamts allgemein abgegeben werden. Bei Zöllen und Verbrauchsabgaben kann von ihrer Abgabe abgesehen werden.

(2) Bei der Ausfüllung von Vordrucken sind alle Fragen zu beantworten. Die Fragen und Antworten sind so zu fassen, daß die Prüfung, was steuerpflichtig ist und was nicht, dem Finanzamt ermöglicht wird. In den Vordrucken ist zu betonen, daß diese Prüfung

dem Finanzamt, nicht dem Steuerpflichtigen zusteht. Den Steuererklärungen sind die Unterlagen beizufügen, die nach den Gesetzen und Ausführungsbestimmungen gefordert werden. Wenn diese Unterlagen in Bescheinigungen bestehen, die von anderer Seite zu erteilen sind, sind die beteiligten Stellen verpflichtet, sie auszustellen.

(3) Auf Verlangen haben die Steuerpflichtigen auch bei anderen Erklärungen, Anmeldungen, Anzeigen und Auskünften zu versichern, daß sie die Angaben nach bestem Wissen und Gewissen gemacht haben.

§ 167 (169).

Dem Steuerpflichtigen im Sinne der §§ 166, 168 bis 174 steht gleich, wer verpflichtet ist, eine Steuererklärung abzugeben. Soweit nichts anderes bestimmt ist, ist zur Abgabe einer Steuererklärung jeder verpflichtet, bei dem nach Ermessen des Finanzamts die Möglichkeit einer Steuerpflicht gegeben ist.

§ 171 (173).

(1) Auf Verlangen (§ 205 Abs. 1, 2) hat der Steuerpflichtige die Richtigkeit seiner Steuererklärung nachzuweisen. Wo seine Angaben zu Zweifeln Anlaß geben, hat er sie zu ergänzen, den Sachverhalt aufzuklären und seine Behauptungen, soweit ihm dies nach den Umständen zugemutet werden kann, zu beweisen, z. B. den Verbleib von Vermögen, das er früher besessen hat.

(2) Er hat Aufzeichnungen, Bücher und Geschäftspapiere sowie Urkunden, die für die Festsetzung der Steuer von Bedeutung sind, auf Verlangen (§ 207) zur Einsicht und Prüfung vorzulegen.

§ 175 (177).

(1) Auch wer nicht als Steuerpflichtiger beteiligt ist, hat mit Ausnahme der im § 176 als nahe Angehörige bezeichneten Personen dem Finanzamt über Tatsachen Auskunft zu erteilen, die für die Ausübung der Steueraufsicht oder in einem Steuerermittlungsverfahren für die Feststellung von Steueransprüchen von Bedeutung sind. Die Auskunft ist wahrheitsgemäß nach bestem Wissen und Gewissen zu erteilen. Wer nicht aus dem Gedächtnis Auskunft geben kann, hat Schriftstücke und Geschäftsbücher, die ihm zur Verfügung stehen, einzusehen und, soweit nötig, Aufzeichnungen daraus zu entnehmen. Die Auskunft ist nach Form und Inhalt so zu erteilen, wie es das Finanzamt nach den Gesetzen und Ausführungsbestimmungen vorschreibt.

(2) Die Auskunft soll, soweit dies durchführbar ist und nicht aus besonderen Gründen Abweichungen geboten sind, schriftlich erbeten und erteilt werden; das Finanzamt kann jedoch das Erscheinen des Auskunftspflichtigen anordnen.

(3) Wenn von Behörden, von Verbänden und Vertretungen von Betriebs- oder Berufszweigen, von geschäftlichen oder gewerblichen

Unternehmungen, Gesellschaften oder Anstalten Auskunft begehrt wird, ist das Ersuchen, falls nicht bestimmte Personen als Auskunftspersonen in Frage kommen, an den Vorstand oder die Geschäfts- und Betriebsleitung zu richten.

§ 176 (178).

(1) In den Fällen des § 175 kann der Befragte die Auskunft auf Fragen verweigern, deren Bejahung oder Verneinung ihm selbst oder einem nahen Angehörigen die Gefahr einer Strafverfolgung zuziehen würde.

(2) Als naher Angehöriger gilt:

1. der Verlobte,
2. der Ehegatte, auch wenn die Ehe nicht mehr besteht,
3. wer mit dem Befragten in gerader Linie verwandt oder verschwägert oder in der Seitenlinie im zweiten oder dritten Grade verwandt oder im zweiten Grade verschwägert ist.

§ 177 (179).

(1) Die Auskunft können ferner verweigern:

1. Verteidiger und Rechtsanwälte, soweit sie in Strafsachen tätig gewesen sind,
2. Ärzte über das, was ihnen bei Ausübung ihres Berufs anvertraut ist,
3. Rechtsanwälte über das, was ihnen bei Ausübung ihres Berufs anvertraut ist,
4. die Gehilfen der zu 1 bis 3 bezeichneten Personen hinsichtlich der Tatsachen, die sie in dieser ihrer Eigenschaft erfahren haben.

(2) Diese Bestimmung findet auf die zu 3 und 4 bezeichneten Personen insoweit keine Anwendung, als es sich um Tatsachen handelt, die bei Beratung oder Vertretung in Steuerangelegenheiten zu ihrer Kenntnis gekommen sind, es sei denn, daß es sich um Fragen handelt, deren Bejahung oder Verneinung ihre Auftraggeber der Gefahr einer Strafverfolgung aussetzen würde.

§ 178 (180).

Ein Geistlicher darf nicht über solche Tatsachen befragt werden, über die er nach Annahme des Finanzamts oder nach seiner Versicherung nicht aussagen kann, ohne die Pflicht der Verschwiegenheit, die ihm als Seelsorger obliegt, zu verletzen.

§ 179 (181).

(1) Die Verpflichtung öffentlicher Behörden und Beamten, einschl. der Beamten der Reichsbank, der Staatsbanken und der Schuldbuchverwaltungen, zur Verschwiegenheit gilt nicht für ihre Auskunftspflicht gegenüber den Finanzämtern. Sie dürfen jedoch über Umstände, auf die sich ihre Pflicht zur Verschwiegenheit bezieht, nicht befragt werden, wenn ihnen die Behörde, die ihnen vor-

gesetzt ist, oder bei Beamten, die nicht mehr im Dienste sind, zuletzt vorgesetzt war, die Erteilung der Auskunft im Einzelfall untersagt hat. Dies darf nur geschehen, wenn die Auskunft dem Wohle des Reichs oder eines Landes nachteilig sein würde.

(2) Für die Post- und Telegraphenbehörden und deren Beamte bleibt es bei der Unverletzlichkeit des Post-, Telegraphen- und Fernsprechgeheimnisses.

§ 180 (182).

Auch abgesehen von den Fällen des § 179 kann eine Auskunft nicht gefordert werden, wenn eine oberste Reichs- oder Landesbehörde erklärt, daß die Auskunft dem Wohle des Reichs oder eines Landes nachteilig sein würde.

§ 181 (183).

Auskunftspersonen kann auf Verlangen eine angemessene Entschädigung für Aufwand und Zeitverlust gewährt werden.

§ 182 (184).

(1) Mit Genehmigung des Landesfinanzamts, die für den einzelnen Fall einzuholen und zu erteilen ist, kann das Finanzamt verlangen, daß eine Auskunftsperson die Wahrheit ihrer Aussage durch Eid bekräftige (§ 209). Die Vorschriften des § 393 Abs. 1 Nr. 1, 2 der Zivilprozeßordnung gelten entsprechend. Wer die Auskunft verweigern darf, kann auch den Eid verweigern.

(2) Für Abnahme des Eides gelten sinngemäß die Vorschriften der Zivilprozeßordnung. Der Eid wird vom Vorsteher des Finanzamts unter Zuziehung eines Schriftführers oder auf Ersuchen des Finanzamts vom Amtsgericht abgenommen.

(3) Die Auskunftsperson gilt als Zeuge im Sinne des Strafgesetzbuchs.

§ 183 (185).

Wer Auskunft zu erteilen hat (§§ 175 ff.), hat, wenn es das Finanzamt mit Genehmigung des Landesfinanzamts verlangt (§ 209), diejenigen Urkunden und Schriftstücke einschl. der einschlagenden Stellen seiner Geschäftsbücher zur Einsicht vorzulegen, die sich auf bestimmt zu bezeichnende Rechtsvorgänge beziehen. Unter den gleichen Voraussetzungen hat er Wertsachen (§ 163 Abs. 1) vorzulegen, die er für den Steuerpflichtigen verwahrt, und Einsicht in verschlossene Behältnisse zu gewähren, die er dem Steuerpflichtigen überlassen hat. Er kann die Vorlegung oder die Gewährung der Einsicht verweigern, soweit er die Auskunft über die Vorgänge verweigern könnte.

§ 186 (188).

(1) Als Sachverständiger hat auf Verlangen des Finanzamts ein Gutachten abzugeben, wer zur Erstattung von Gutachten der geforderten Art öffentlich bestellt ist oder die Wissenschaft, die Kunst

oder das Gewerbe, deren Kenntnis Voraussetzung zur Begutachtung ist, öffentlich zum Erwerb ausübt oder zu ihrer Ausübung öffentlich bestellt oder ermächtigt ist.

(2) Die Gründe, aus denen eine Auskunft verweigert werden darf, berechtigen einen Sachverständigen zur Verweigerung des Gutachtens.

(3) Die §§ 181 und 182 gelten entsprechend.

(4) Öffentliche Beamte sind nicht als Sachverständige zuzuziehen, wenn ihre vorgesetzte Behörde erklärt, daß dies dem Dienste nachteilig sein würde.

§ 189 (192).

Sämtliche Behörden und Beamten haben Steuerzuwiderhandlungen, die sie dienstlich erfahren, den Finanzämtern mitzuteilen. Die Unverletzbarkeit des Post-, Telegraphen- und Fernsprechgeheimnisses bleibt unberührt.

§ 204.

Das Finanzamt hat die steuerpflichtigen Fälle zu erforschen und von Amts wegen die tatsächlichen und rechtlichen Verhältnisse zu ermitteln, die für die Steuerpflicht und die Bemessung der Steuer wesentlich sind. Es hat Angaben der Steuerpflichtigen auch zugunsten der Steuerpflichtigen zu prüfen.

§ 205.

(1) Das Finanzamt hat die Steuererklärungen (§ 166) zu prüfen. Soweit nötig, hat es tunlichst durch schriftliche Aufforderung zu veranlassen, daß Lücken ergänzt und Zweifel beseitigt werden.

(2) Trägt das Finanzamt Bedenken gegen die Richtigkeit der Erklärung, so hat es, wenn nötig, Ermittlungen vorzunehmen; es kann den Steuerpflichtigen, falls eine Aufforderung zu schriftlicher Erklärung nicht angezeigt ist oder keinen Erfolg hat, vorladen und ihn nach §§ 170 ff. zu Auskunft und weiteren Nachweisungen anhalten.

(3) — früher 4 — Wenn von der Steuererklärung abgewichen werden soll, sind dem Steuerpflichtigen die Punkte, in denen eine wesentliche Abweichung zu seinen Ungunsten in Frage kommt, zur vorherigen Äußerung mitzuteilen.

§ 207.

(1) Das Finanzamt soll die Vorlegung von Büchern und Geschäftspapieren in der Regel erst verlangen, wenn die Auskunft des Steuerpflichtigen nicht genügt oder Bedenken gegen ihre Richtigkeit vorliegen.

§ 210.

(210 Abs. 1 Satz 1).

(1) Nach Abschluß seiner Ermittlungen setzt das Finanzamt durch Steuerbescheid die Steuer fest.

§ 217.

(210 Abs. 1 Satz 2; Abs. 2).

(1) Soweit das Finanzamt die Besteuerungsgrundlagen (einschl. solcher Besteuerungsgrundlagen, für die eine gesonderte Feststellung nicht vorgeschrieben ist) nicht ermitteln oder berechnen kann, hat es sie zu schätzen. Dabei sind alle Umstände zu berücksichtigen, die für die Schätzung von Bedeutung sind.

(2) Zu schätzen ist insbesondere dann, wenn der Steuerpflichtige über seine Angaben keine ausreichenden Aufklärungen zu geben vermag oder weitere Auskunft oder eine Versicherung an Eides Statt verweigert. Das gleiche gilt, wenn der Steuerpflichtige Bücher oder Aufzeichnungen, die er nach den Steuergesetzen zu führen hat, nicht vorlegen kann oder wenn die Bücher oder Aufzeichnungen unvollständig oder formell oder sachlich unrichtig sind.

Sachregister.

(Die Zahlenangaben bedeuten die Seiten.)

A.

O.

P.

Q.

R.

U.

V.

Kolibri 360 GmbH
Ferdinand-Jühlke-Straße 7
99095 Erfurt, Deutschland
produktsicherheit@kolibri360.de